歴史文化ライブラリー

109

遊牧という文化

移動の生活戦略

松井健

吉川弘文館

原則として、初版で掲載した口絵は割愛しております。

目次

遊牧民との出会い――プロローグ

「なぜ、遊牧民であるわれわれのことを調べに来たのか？　日本には遊牧民はいるのか？　ヒツジはいるのか？」――彼らの顔からは、不審そうな眼差しがいつまでも消えない。

遊牧民に魅せられて

遊牧という生活様式も、遊牧民という生きかたも、まったく日本ではみられないものである。遊牧を生きる人たちの行動や思考の論理は、われわれと著しく違っている。はじめての海外調査でつきあったアフリカのバントゥー農耕民が、心情的にはきわめて親しみやすい人たちであったのに反して、アフガニスタンのパシュトゥーン遊牧民はわれわれとおそろしく違う、強烈な文化とパーソナリティーを生きている人たちであることは、一目で感得された。調査研究のきわめてむずかしい対象であることも明瞭であったが、人類学者として、予想される困難のゆえにさらに増幅されるのであろう、彼らの未知の魅力に抗することができなかった。西南アジアの遊牧社会にひかれて調査を始めたころ、これは一〇年は必要だろうと考えた。しかし、一九七六年六月にアフガニスタンに入って、パシュトゥーン遊牧民を調査してからもう二〇年以上が経過している。この間、アフガニスタンへのソヴィエト軍の侵攻、撤退があり、今にいたるまで内戦が続いている。アフガニスタンでの調査をあきらめて以後、パキスタンのバルーチスターン州でバルーチュ遊牧民の調査を始め、遊牧民の姿を追って、タール砂漠を臨むパキスタンのチョリスターンにも行き、インドの西のラージャスターンに何度も足を運んだ。

遊牧民の世界へ

本書は、著者のこれまでの西南アジア遊牧民に関する調査研究の、現段階でのひとつの総括として書かれた。「遊牧民とはなにか」で遊牧と遊牧民についての基礎的な知識を手短かに導入したあと、「牧畜に生きる」では北東アフガニスタンのパシュトゥーン遊牧民の牧畜生活について、「多様な生業をつむぐ」ではパキスタンのマクラーン地方のバルーチュ遊牧民の遊動生活について、なるべく具体的に描写しようと努力した。冗長にならず、抽象的にもならないように心がけたつもりである。

「遊牧民とはなにか」があまりに抽象的に感じられるようであったら、先に、「牧畜に生きる」「多様な生業をつむぐ」をお読みいただきたい。

「遊牧という文化」では、これまで西南アジアの遊牧民についても、また、他地域の遊牧民についても試みられたことのない遊牧民の文化の特質を議論しようと試みた。世界の遊牧民について適合する普遍的な特質というよりは、西南アジアを中心に一定の広がりでみられる文化的な特徴についての、一般論と具体例をむすぶ中距離の射程の理論化のつもりである。民族誌の研究としては、もっとも楽しい作業のひとつといえるかもしれない。政治的なものとして遊牧をとらえることができるという発見は、パシュトゥーンとバルーチュのまったく性質の異なる遊牧民の歴史と経済環境の比較から導かれた。西南アジア遊牧民をパシュトゥーン型とバルーチュ型の大きな二つの類型に分けるとき、明らかに、現在の遊牧生活の様態には、彼らの体験してきた歴史の政治的な条件が強く影響していることがわかった。それまで著者を悩ませた、両者の対比研究の問題点を何とか明らかにしえたと考えている。

遊動の社会力学という考えは、冬のクンドゥーズでパシュトゥーン遊牧民の放牧につきあっていたころまでさかのぼる。コリン・ターンブルの、イトゥリの森の狩猟民ピグミーが森のそこここで蜂蜜を手に入れることのできるハニー・シーズンには、見通しの悪い密林を網で囲ってそこに動物を追い込む共同の網猟ネット・ハンティングのバンドを分解するという報告も重要な手がかりとなった。結局、マルセル・モースがエスキモー社会を例にして、彼らが夏と冬とでまったく異なる社会生活を営むことを、社会的なものの本質として論じた社会形態論に直接助けられて、一般的な含意をもつものとして遊動を位置づけることができた。

遊牧社会が、その本質である遊動においても、牧畜においても、そのなかに一貫した柔構造をもっているという発見は、もっとも新しいものである。著者は「体系的ないい加減さ」といってよいような印象をもっているが、そこまでいうのはさしひかえた。この遊牧社会の特質を、最後の「現代社会と遊牧民」という課題と十分に有機的に連関させて論じきることができたとは思っていない。論じ残した諸問題は、今後の課題としたい。

本書は、あくまでも遊牧民に焦点を当て、非常にさっぱりとしているが、しっかりとした骨格をもった西南アジア地方の砂漠の文化の香りをすこしでも読者に伝えられたら、と考えた。もう二〇年間以上、その香りに誘われて、この地方を旅している著者の、本書を書くにあたってのささやかな野心であったのだが。

遊牧民とはなにか

6

牧畜と遊動

農耕と牧畜

人間が生きていくうえで、作物を育てるのと、家畜を育てるのとは、まったく異なった営みになる。同じ作物でも、イモ類を栽培するのと、ムギやイネを栽培するのとではやはり違うが、動物である家畜を飼うことと比べればその違いはむしろわずかだとさえいえる。種子をまいたり、タネイモや蔓(つる)を地面に植えていくことと、メスの家畜とタネオスを交尾させるという繁殖のためのもっとも重要な人間の側からの介入の局面を想像してみるだけでも、これは明らかなことであろう。

人類史において、家畜や作物が用いられるようになったことが、はっきりとした考古学的な証拠によって確認されるのは、今から約一万年くらい前である。中近東において、ムギ類が、そして、ヒツジ・ヤギの類が、あいついで人間によって栽培植物化、家畜化されたのである。これによって、それまで、まったく狩猟・採集によって生活してきた人類が、農耕と牧畜という新しい生業によって生きることができるようになったのである。狩猟採集から農耕・牧畜は、いったいどの順序で出現したのか。発生当初から農耕や牧畜は十分に安定した生業であったのだろうか。疑問は数多く、それらについての研究や議論はもっと多い。ここでは細部に立ち入らないが、著者自身の考えについては、すでに『セミ・ドメスティケイション』（一九八九年、海鳴社）にまとめてあるので参照していただきたい。

ともあれ、その後の歴史的経過をみるかぎり、農耕と牧畜は地球上の広い地域に伸展していく一方、狩猟採集は、徐々にこれら新しい生業様式に圧迫されていったようにみえる。といっても、今から二〇〇〇年もさかのぼれば、極北、南アメリカや東南アジアの森林地帯、そして、オーストラリア、インドの疎開林、アフリカのかなりの地域に狩猟採集民は生活し続けていたのである。

農耕が、食用作物の栽培によって成立する以上、作物の生育が困難な地域においては、可能性のない生業であることは明らかであろう。極端な寒冷地や寡雨地帯では、農耕はおこなわれえない。ヨーロッパへもたらされたジャガイモや琉球列島に伝来したサツマイモ

（沖縄では、そこからもたらされた地名をとってカラウムという）などの新しい適応力の強い作物が、人びとの生活を安定させたこともよく知られている。このように、作物固有の温度や水に対する要求が満たされないかぎり、作物は育てられない。しかも、どのような作物であれ、そして、人間に有用な炭水化物を蓄積するように人為的に選択されたものであればあるだけ、どちらかというと弱くなっていて、極端な寒さや乾燥には耐えられない。

牧畜は何を可能にしたか

まったく自然の降雨だけで生える雑草は茂っても、農作物を育てることができないという地域は、いくらでもあるわけである。雑草に比べれば、人為淘汰（とうた）によって成立した栽培植物はいたって弱く、人間による保護がないと、それらの雑草にも普通は勝つことができない。人間はというと、通常の食物繊維であるセルロースを消化できないため、雑草を食べて生きていくことができない。

草食動物は、人間とは違って、セルロースを消化することができる。特殊な消化管内細菌との共生や、長い腸や複数の胃といった解剖生理上の特化によって、彼らはそれをなしとげたのだ。牧畜は、これらの草食動物を家畜として飼いならし、その乳や肉を人間が利用しようというものであったといえる。狩猟ではいつ手に入れることができるかわからないこれらの動物を、ストックとして手元においておくことができるようになったわけである。

草食動物を家畜化し、群として保有して、自分たちの意のままに動かすことができるようになった牧畜民は、農耕をおこなうことのできる可耕地の外に広がる原野に出ていくことができた。あるいは、発生論的には逆で、放牧地のなかの可耕地が農業に特化した人たちの定住地になっていったというべきかもしれない。ともあれ、農作物を育てることのできないような環境条件のところでも、家畜は牧草をみつけることができる。そして、牧草さえあれば、家畜群を連れて人びとは、農業のできないところに住むことができることになる。こうして牧畜をおこなうことによって、人類はその生活圏を、可耕地の外にある広大な原野へと拡大していくことになったのである。

遊牧民の誕生

人間や家畜がかろうじて渇きをうるおすことのできる程度の地表水しかなく、それで作物を育てることなどとてもできないところでも、人びとは出産期とそれに続く数ヵ月間の搾乳可能な期間に乳をとり、それを保存可能なかたちに加工し、生活を維持していくことができた。家畜の乳や血や肉といったものだけで、周年生活していくことの困難は容易に推量できる。しかし、東アフリカのウシ遊牧民の若者とウシ群の遊動生活においては、乳と血がほとんど毎日の食料となっている例があるから、不可能というわけではないのである。

肉は、家畜を殺してしまわなくてはならないから、牧畜民は日常の糧にこれを用いていたとは思われない。しかし、群になった家畜が増加していくのを、ただただ何の介入もせずに放任していたとも考えられない。ひとつの群に多くのオスがいると、余分のオスはとくに繁殖期には群のまとまりをこわす。メスをめぐって互いに争うからである。そのようなオスは、いいタネオスを除いて去勢されるのが普通だが、それらのオスを処分して食料にした可能性はある。東アフリカでは、頸動脈を小さな矢と弓を用いて傷つけ、そこからほとばしり出る血を集めて、乳と混ぜて血乳として飲用する。

この食性が、炭水化物を主要な食べ物とする食生活に比して、また人間の本性に照らしても、あまりに特異なものであるというのならば、牧畜民が多くの場合、なんらかのかたちで農耕民と関係をもって、牧畜生産物と引き換えに農産物を入手していることは、歴史的な必然と考えなくてはならないことになる。食生活という面から、多くの牧畜民が交易にたけていることを説明できることになる。

しかし、むしろ、より生態学的なつぎの説明のほうが、より説得力をもっているように感じられる。可耕地よりも環境条件の劣悪な牧野にあって、不規則な降雨や極端な温度条件に対応するために、人びとは家畜とひとつの場所に生活するよりも、家畜群とともに動くことを好むようになった。あるいは、そうした遊動が、どうしても必要となったと考えるのである。

こうして、牧畜は遊動と結びつき、遊牧民が生まれるわけである。家畜群を連れて動くようになった遊牧民は、自分たちの生産する牧畜的物産だけではなく、移動の途次にえられたものをいろいろなところで販売するようになり、今日のように、交易をおこなったり、農産物をとり入れる牧畜生活が成立するにいたった。これが、生態学的な説明である。

遊と牧

遊牧という言葉は、遊と牧というまったく二つの別次元の内容をもつ概念が合体されたもの、と理解するのがよい。すなわち、遊とは遊動のことであり、牧とは牧畜のことである。

したがって、遊牧というのは、遊動的牧畜ということになる。しかし、注意しなければならないのは、遊と牧とは、本来別の生活の相を表現していることである。遊動というのは、定着、定住、半定住、漂泊などとの差異をあらわしており、一年間の生活が空間的にどのようにくり広げられているかを示す。牧畜というのは、家畜を飼育することによって生活をたてていくという、生活の生業基盤を示すものである。ここでは、牧畜という語は、農耕や狩猟、採集、賃労働などとの差異を明らかにする。

遊牧という用語は、生活の空間軸での展開と、生業内容の交叉するところを指示するものだと考えなくてはならない。遊動する人びとは、かならずしも牧畜をおこなうわけではないし、牧畜をする人でも遊動しない人びとはいくらでもいるのである。このため、遊牧という語は、かなり限定された生活の空間的な組み立てと、生業内容との重なりあう領域を意味することになる。

このため、遊牧民は遊動民一般とは異なるし、牧畜民全般ともやはり違っていると考えなくてはならない。ただ、遊動についても、牧畜についても、これらをどの程度厳密に解釈するかによって、遊牧民と定義される人びとの領域が狭められたり、広がったりすることは明らかである。

遊動を、厳密に、一定の生活圏のなかで一年中移動を続けていて、とくに長い時間定着する場所をもたず、かつ、もち運びのきくテントのような住居しか用いない生活の仕方と定義することができる。しかし今日、世界を見渡しても、もはやこの厳密な定義にあう生活の組み立てかたは牧畜民のなかにはみられない。厳密な遊牧民は、もはや存在しないといってよいだろう。むしろ、厳密に定義された遊動は、物乞いやホームレスといった人たちにこそ当てはまるようにみえるかもしれない。しかし、彼らが一定の生活圏をもっていないときには、遊動ではなく漂泊をしていると描写されるほうがよいだろう。

牧畜についても、同様のことがいえる。牧畜民というからには家畜の飼養だけをおこなっていて、それによる生産物からのみ生計を維持している人たちをさすのだ、というのが厳密な定義ということになる。しかし、牧畜生産物でのみ生活を立てるというのは、むしろ困難なことであることは、すこし考えてみれば明らかであろう。動物の革、毛、それからつくられた編組品（へんそひん）、動物の骨、血、肉、そして乳とそれらの加工品のみで、生活することはかなりむずかしい。

非自給的な生活

ここで、牧畜をめぐるもうひとつの軸を導入しなければならなくなる。自給的か、そうでないか、という軸である。さきに述べたように、自分たちで生産した家畜からとれるものだけで自給的に生活することは、かなりむずかしい。しかし、それに近いことは、東アフリカの一部の遊牧民ではおこなわれてきた。彼らはウシやラクダの革の衣類を着て、乳やヨーグルトや血を主要な食物としてきた。とはいえ、彼らも完全に自給的であったわけではなく、交易や略奪といったかたちでの、彼らの外部世界との交流をいつも維持していた。

自給的でない牧畜は、いくらでも専業的におこなうことができる。牧畜民は、家畜だけを飼養していて、それらをなんらかの手段でほかの生活物質に交換すればよいのである。貨幣経済が発達していて、適切な市場があれば、牧畜民は自らの牧畜生産物をいくらでも換金し、それで、生活必需品を購入できるわけである。このため、自給的でないほうが、より専業的な純粋な牧畜が生業としておこなわれるということになる。あとにみるように、遊牧が交易と連接する意味は、このあたりに求められるのだろう。

遊牧の定義

以上のような遊動と牧畜の定義から、遊牧自体が、いくらか幅のある意味領域をもつことがわかってくる。現在の遊牧民の生活のありかたを概観すれば、おおよそつぎのように遊牧民の生活を定義しておいてよいであろう。一定の生活圏のなかを、一年の一定期間簡単な持ち運びのできるテントのような住居に住んで、家畜とともに移動し、家畜を中心とするその牧畜生産物によって、おもに生活をたてている人たち、ということになるだろう。

この定義の背後には、つぎのような含意がある。遊牧民は一年のある部分を、固定的な長く利用するような家屋において、定着的に生活していることがありうること。牧畜以外の生業、経済活動にたずさわってもかまわないこと。これらは、遊動と牧畜という両面において、かなりゆるい規定がおこなわれたことを示している。

最後にひとつだけこの定義の問題につけ加えて、この煩瑣（はんさ）な準備作業を終わりたい。遊動が、地理的にみて水平に広がっていることを確認しておかなくてはならない。もちろん、遊動が、夏と冬、乾期と雨期といった、環境条件の違いから、すこしでも家畜に好適な牧地を求めておこなわれる場合には、土地の高低差は大きな意味をもっている。遊動が、三〇〇〇メートルもの高度差をはさんでおこなわれることはまれではない。しかし、そのような場合でも、遊動は直線距離にして、数百キロに及ぶ。

遊動と呼ぶことができるときには、生活圏の空間的広がりが数百キロに及び、そのなかに異質な生態条件、政治区分、民族分布などがみられることが多い。そして、こうした諸条件こそが、遊牧民の生活を部外者には刺激的でロマンティックなものにみせるのである。遊牧民にとっては、おそらく生活の困難と経済的利便の錯綜（さくそう）した受け容れざるをえない現実にしかすぎないのだろう。

西南アジアの遊牧民

西南アジアの位置

西南アジアというのは、西アジアと南アジアを合わせた地域ではない。西アジアと南アジアとして画定される地理的空間の間に、いさか茫漠（ぼうばく）として広がる領域をさしている。しかし、そのなかには西アジアの東縁、南アジアの北西の辺縁は含まれている。とはいえ、こと遊牧民が課題になる場合、この地理的な画定は、それほど厳密におこなわれなくてもよいだろう。インドからイランにかけての乾燥地帯において、遊牧民と呼べる人びとの生存しているところは、ごく限られている。

インドとパキスタンの間に広がるタール砂漠には、ヒツジやヤギを主要牧畜とする遊牧民のほかに、おもにラクダを飼う遊牧民もいた。ラバーリーと呼ばれる人たちである。ア

ウズベキスタン
トルクメニスタン
タジキスタン
カーブル
アフガニスタン
イスラマバード
ハザーラジャト
パキスタン
イラン
バハーワルプル
ラージャスターン
チョリスターン
タール
沙漠
バルーチスターン
インド
マクラーン
ジャイプル
カラチ
グジャラート

図1　西南アジア概略図

フガニスタンには、その主要構成民族であるパシュトゥーンの遊牧民のほかに、遊牧的な生活様式も採用しているウズベク、キルギズといったトルコ系諸民族、その固有文化を失ってしまっているが、征服アラブ人に起源するとされるアラブ人の遊牧民など、多種多様な文化的背景をもつ遊牧民が生活していた。しかし、一九七九年末のソヴィエト軍の侵入とそれに続く内戦で、いま彼らがどのような状況にあるのか、まったくわからなくなっている。

パキスタンのバルーチスターン州には、バルーチュ人とブラーフーイー人の遊牧民がいる。著者は、一九七八年度のアフガニスタンにおけるパシュトゥーン遊牧民のフィールド調査のあと、一九八五、八七、八九、九四〜九六年度にバルーチスターンのナツメヤシ・オアシスのフィールド調査をおこない、バルーチュ人の遊牧民についても調査してきた。あわせて、一九八七年度からはインドのラージャスターン、パキスタンのチョリスターンという、タール砂漠の両側からも砂漠の民の暮しを垣間みようとしてきた。本書では、この著者の体験から、アフガニスタンのパシュトゥーン遊牧民、バルーチスターンのバルーチュ遊牧民、そして、タール砂漠の人びとを中心に、西南アジアの遊牧民についてできるだけ全体的な像を描くように努力していきたい。

世界の遊牧民

その前に、旧世界の遊牧民の分布の全容をまず概観し、そのなかに、西南アジア遊牧民を位置づけておくことにしたい。ユーラシア大陸を東から西にみていくことにしよう。まず、モンゴルのウマの遊牧民がいる。モンゴル遊牧民は、きわめて牧畜専業的である。南から漢民族の商人によってもたらされる農産物が、家畜と交換に彼らの間にもたらされるというシステムによって、支えられたものであった。その後、社会主義政権のもとで、本来の遊動生活を放棄するなど強い変化を受けながら、生業だけは牧畜専業の形態をもち続けた。

中央アジアのウシ遊牧民は、この意味では、ソヴィエト政権時代に遊牧的生活様式を失い、以前の牧野はほとんど農場化されてしまった。一部のトルコ系遊牧民が、国境を南へ渡って、アフガニスタン領で、遊牧生活をほそぼそと維持している。しかし、彼らも、もはやウシ牧畜ではなく、ヒツジ・ヤギの放牧に転じている。パミール高原に逃れたキルギズ遊牧民は、今もヤクの牧畜で生活を立てているが、人口は少ない。また、どのように彼らの高地への適応を考えるか、困難な点もある。彼らの限られた生活圏は、大きく政治体制と国際関係の問題に関連して維持されているからである。

パキスタンからイランにかけての砂漠地帯には、ヒツジ・ヤギを主要家畜とする遊牧民

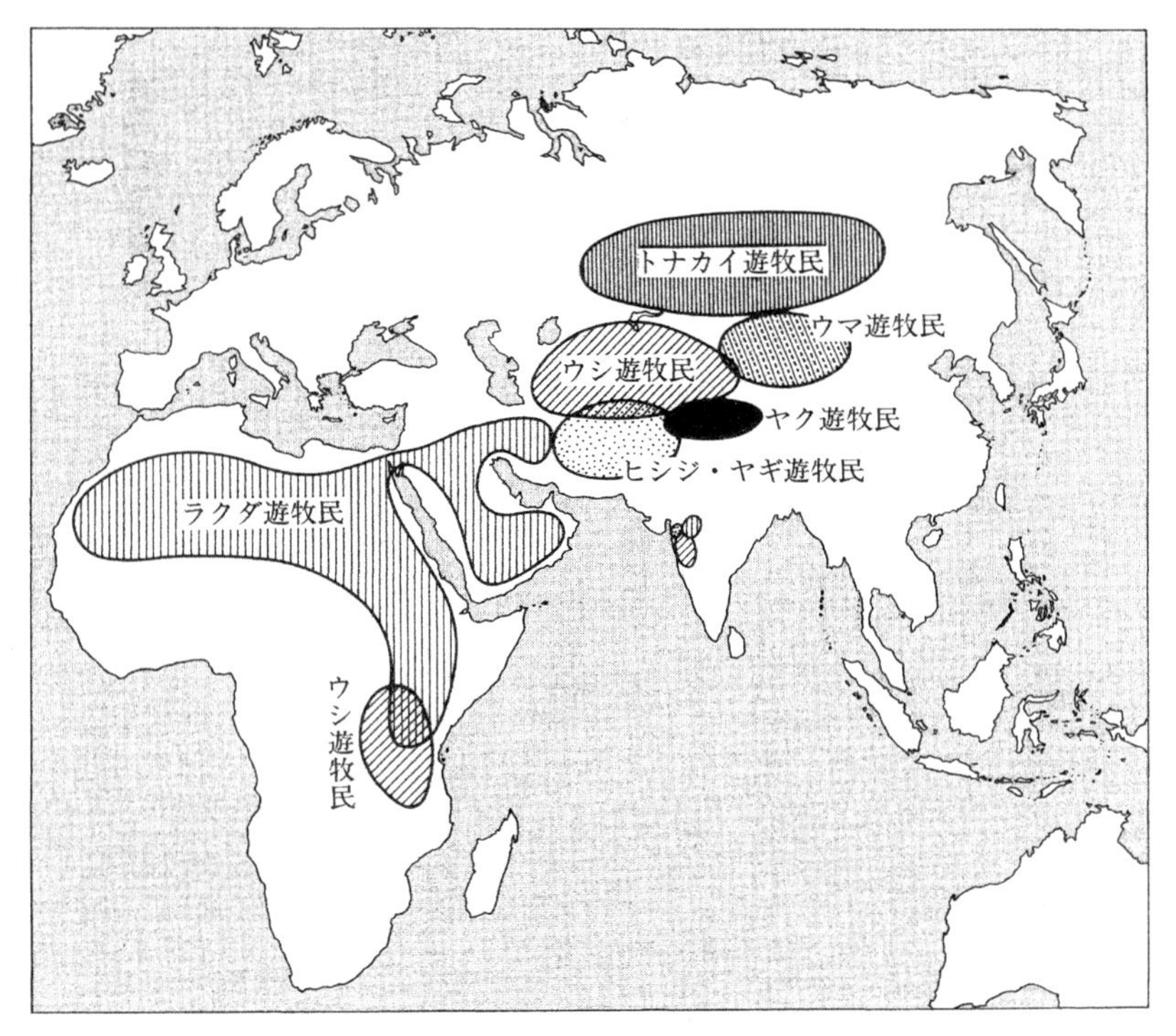

図２　遊牧民の類型と分布

が点々と生活している。本書の主人公たちである。イスラームを奉じて、イラン系の言語を母語とする誇り高い人びとである。ただ、彼らも、かならずしも国家や地方行政と良好な関係をもっているわけではなく、年ごとにその人口を減じている。アフガニスタンにおける内戦は、この地方の遊牧人口を激減させたと思われるが、その実情は把握されていない。

　タール砂漠には、ラクダを放牧するラバーリーという遊牧民がいる。ラクダの乳を利用し、かつ、ヒンドゥーの祭日にきまった聖地に大集合して大きな家畜市をもつなど、多くの点で特異である。彼らの多くは、ヒンドゥーとイスラームの二つの宗派に分かれている。タール砂漠の多くの遊牧民たちはウシを飼っているが、インド国内でウシを解体することはなく、肉の需要の強いパキスタンへウシを運ぶといった役割をもっているほか、酒類や阿片（あへん）の密輸にも関与していると、定着民の側からは疑われることが多い。

　イラクに入ると、アラブ系の遊牧民ベドウィンが生活するようになる。よく知られているように、ベドウィンには、ヒツジ・ヤギを飼養するものと、ラクダを飼養するものがいる。アラビア半島のベドウィン・ラクダ遊牧民は、もっとも遊牧民らしい遊牧民として知られる。イスラームの広がりに大きな貢献をした人たちで、敬虔なムスリムである。今でも、アラブの王族たちは、息子たちをベドウィン遊牧民に預けて、ベドウィン遊牧民の徳を学ばせるために砂漠の生活を体験させるほどだといわれる。アラビア半島、エジプトからスーダンにかけて、アラブ遊牧民は広範に分布している。

東アフリカには、アラブ遊牧民とまったく文化的伝統を異にしていて、イスラームを受け容れることをしないが、しかし、一面類似した超越的な一神教を奉じる人たちが分布している。北のほうではラクダを、その南ではウシを中心家畜として飼養する。ウシ遊牧民においては、ヒツジ・ヤギも飼われていることがあるが、これはウシの遊動キャンプが若者に守られているのとは別に、老人や女子供たちのベースキャンプ近くにとめおかれる。

サハラには、トゥアレグのようなラクダ遊牧民がいるが、環境条件のよいところで、ツェツェバエのいないところでは、ウシを主要家畜とする。サハラでは、イスラーム化の度合いが高くなっている。

そして、極北の森林とツンドラの境界あたりに、多くのトナカイ牧民が住んでいる。西端のサーミの人たちから、東のカムチャスカまで、いろいろな程度に社会変化をこうむりながら、今も牧畜専業に近い生活を維持している人たちがかなりいる。その分布の東半では、南にウマ遊牧民と境界を接している。トナカイは、完全に家畜群として把握されず、その所有の輪郭が明確でないところなど、これまで述べてきた遊牧民とすこし異なった家畜群との関係を発展させている。

西南アジア遊牧民の特色

同じ家畜を飼養しているからといって、それらの遊牧民の生活内容が類似するかというと、そうではない。中央アジア、インドのタール砂漠、東アフリカのウシの遊牧民を比べると、その差異は大きい。ウシを聖獣として尊敬するヒンドゥー文化の枠のなかにあるインドのウシ遊牧民は、定着カーストからウシを預かって、その仔を手数料として手に入れるといったカースト間関係を発達させているように、それぞれの地域において、独自な文化をつくりあげてきた。東アフリカのウシ遊牧民は、むしろ、同じ東アフリカのラクダ遊牧民と多くの共通性をもっている。

しかし、飼養家畜が牧畜生産のもっとも基礎になっているという観点からみていくと、旧世界の牧畜において、ヒツジ・ヤギを主要家畜として、遊牧的な生活様式を発展させたのが、西南アジア地域の特色であったと考えられる。これは、ほかの遊牧文化が、いわば文明の空白地のようになっていた乾燥地域で発達したのに対して、西南アジアは古くから文明が発祥し、都市やオアシスが稠密（ちゅうみつ）に分布してきた歴史的な条件と無関係ではないように思われるのである。

このような地帯であったゆえに、水場からあまり離れて生きられないヒツジ・ヤギが十分に放牧家畜として有効であったわけである。そして、この地方の遊牧民は古くからある都市のバザールと密接な関係をもつことになり、牧畜と同じ程度にまで交易に力点をおく遊動生活をおこなってきたといえるだろう。遊牧民にとっては、のちの時代に知らないうちに設定された境界である国境などは、本来、顧慮するに値しないものであった。今日でも、遊牧民は自由に国境を往来できるところがすくなくない。

しかし、いったんこの国境によって、関税などに関する二つのまったく別の制度が隣接することになると、遊牧民の遊動はきわめて高い経済的意味をもつことになる。一方から一方へ、特定の商品や物産をもって動くこと自体が、大きな経済的利潤を生むようになるからである。

遊牧と経済活動

このように、特殊な状況でなくとも、交通や通信の不便なところを、何百粁も移動する遊牧民は、交易や商売において自然と有利な立場に立つことができるようになる。一地方で豊かな物産を、それが稀少な地方へもっていくこと自体、大きな経済的意味をもつのは自明であろう。南北であれ、高低であれ、長距離の移動は、一般の定着民がそれほど普通におこなうことではない。西南アジア地方のように、山地、大河、砂漠、盆地、オアシスなどが複雑なモザイクをつくっているところでは、遊牧民の動きそのものが、分散しているる資源を移動させたり結びつけたりする。資源が偏って分布しているところでは、それらを結びつけるために、人間のほうが動かなくてはならないということでもある。町で入手した紅茶を山地の人びとに売り、そこでえた桑やアンズの干物を砂漠の人たちのところへもたらす、というぐあいに遊動は自らすぐれた商行為の場ともなるのである。

遊牧民の二類型

二つの生活様式

西南アジアの遊牧民の生活を調べていくと、彼らのなかに、明らかに二つの異なる要素があって、そのどちらが中心を占めるかによって、二つのあたかも別であるかのようにみえる生活様式が展開されることに気づく。もっとも簡単に表現すると、牧畜専業に向かうか、牧畜以外のいろいろな経済活動に携わるかという方向性の違いである。しかし、これは、意外と重要な多くの文化要素のからまりあいの、もっとも単純な表現であることがわかってくる。

西南アジアの遊牧民が、ヒツジとヤギを重要な放牧家畜としていることは、すでに述べた。牧野の条件が悪くなると、ヤギに比重がかかっていく。パキスタンのバルーチスターンのかなりの部分で、白い品種のヒツジと黒い品種のヤギが飼われている。彼らは、それを白いパス、黒いパスというが、一群のなかのこの白黒の混合比で、牧野の条件はほぼ推測がつく。

これらのヒツジ・ヤギの家畜群から生活をなりたたせるために、遊牧民は家畜群からえた牧畜生産物を用いる。多くの遊牧民が、それを自給的に用いるのではなく、換金したり交換したりすることは述べた。牧畜専業は、西南アジアの地域文化においては、バザール都市で牧畜生産物を換金し、ほかの生活必需品を購入することで成立する。東アフリカ遊牧民のウシ群を連れた戦士のキャンプのような、自給的な牧畜専業は、西南アジアにおいてはありえない。

それでは、もしこうした牧畜生産物の換金、バザール都市への依存を最小限にする遊牧が西南アジアの社会的文脈のうえで成立するならば、それはいったいどのようなものになるのだろうか。家畜群とともに遊動すると同時に、遊牧民自身が、なにかほかの経済活動に携わることを求められることになる。こうなると、そうした遊牧民は専業的牧畜民ではなくなり、いろいろな経済活動をおこなうことになる。歴史的に、伝統的な人口集住地や都市を欠いているところに遊牧生活を展開している遊牧民がいたら、彼らはこの多種類の経済活動に従事する経済生活を展開していることだろう。

すなわち、西南アジアにおいては、牧畜専業的遊牧は、都市バザールといった商業活動の可能な場を遊牧域のなかにもつことによって可能になるということである。牧畜生産物を換金して、生活必需品を容易に入手できるからである。このため、遊牧民は牧畜に専念して、牧畜生産の効率化だけを考えていればよいことになる。このように成熟した換金経済が西南アジアの牧畜専業的遊牧の成立の条件となっているのである。逆に、牧畜生産物の需要のある集住地やバザール都市が存在せず、牧畜生産物をよい条件で換金する環境をもたない遊牧民は、牧畜以外のいろいろな経済活動に携わらずをえなくなるのである。前者を単一の牧畜という資源に特殊に適応した遊牧の類型とすると、後者は、より多岐にわたる資源に一般的に適応しているといえるだろう。両者を対比して、牧畜専業型遊牧民と多資源適応型遊牧民と呼んでよいであろう。

パシュトゥーン遊牧民とバルーチュ遊牧民

西南アジアにおいて、これら二つの類型に該当する遊牧民として、パシュトゥーン遊牧民とバルーチュ遊牧民をあげるのが適当であろう。前者としては、北東アフガニスタンの、カラクルと呼ばれる地方タイプのヒツジを飼養するドゥッラーニー系パシュトゥーン遊牧民を、後

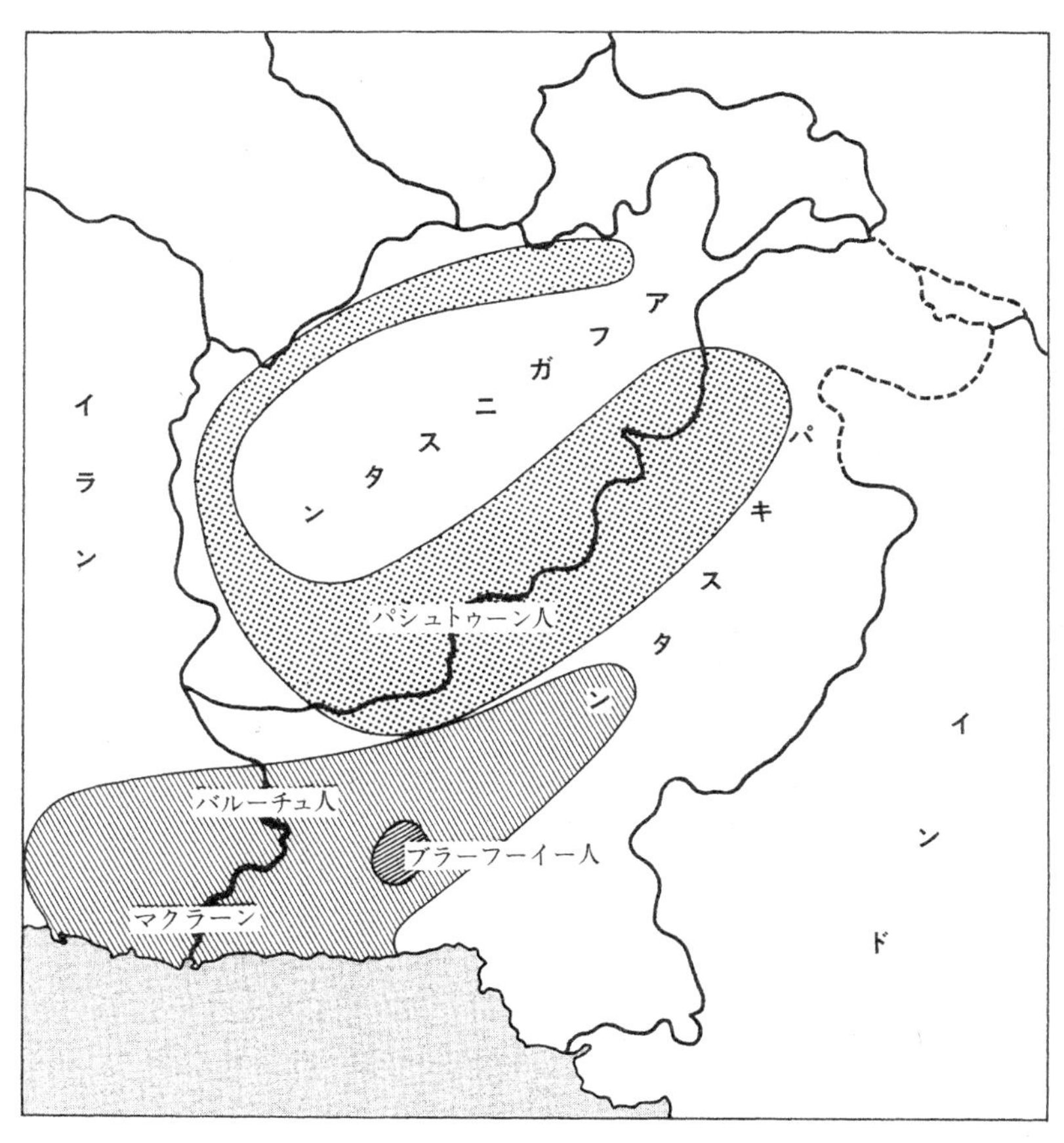

図3　パシュトゥーン人とバルーチュ人の分布

者としては、ナツメヤシ・オアシスから遠い原野を生活域とするマクラーン地方のヤギ遊牧民を、その典型例としてよいように思われる。

アフガニスタンには、中央の脊梁(せきりょう)山脈の周囲を冬の牧地として、夏には中央高地ハザーラジャトを牧野とするパシュトゥーン遊牧民が多く分布していた。アフガニスタンの主要構成民族であるパシュトゥーン人の、約二割程度が遊牧的であるとする報告もある。彼らが冬の牧地としていたアフガニスタン南半には、東から西へ、ジャラーラバード、カーブル、ガズニ、カンダハール、ヘラートといった古い歴史をもつ都市が点在し、中央高地を南から取り囲むかのように分布している。北には、中央アジアの歴史的な都市のほか、マザーリシャリフやクンドゥーズといった都市もある。

カラクルという地方タイプのヒツジは、生まれてすぐのオスの仔を殺して、その毛皮を売るために飼育される。この毛皮は、帽子、コートの襟、手袋などに用いられる高級な衣料素材として、アフガニスタン国内でも、また輸出品としても、高価で取引される。カラクル地方タイプのヒツジの牧畜は、ほかのタイプのヒツジの牧畜よりも、収益性の高い活動であるといえる。

これに比べて、バルーチスターンのマクラーン地方には、ほとんど都市らしいものは発達しなかった。今日のパキスタンのバルーチスターン州都クエッタは、パシュトゥーン人の小村に英国植民地軍がアフガニスタンへのロシアの南下を監視する目的で駐留したことに起源する都市である。もうひとつあげるならばカラートがあるが、それは文字どおり、この地方にバルーチュ人たちと共住するブラーフーイー人ハーンの政治都市であり、城砦都市であった。いずれも商業活動とは無縁な人口集住地であった。

北東アフガニスタンのパシュトゥーン遊牧民と、マクラーンのバルーチュ遊牧民とでは、彼らの遊牧環境にこのような、明白な違いがあることを認めなくてはならない。パシュトゥーン遊牧民が、彼らの家畜をまったくの商品として扱うのに対して、バルーチュ遊牧民は自分たちの家畜を市場で売りたがらない。また、パシュトゥーンに比して、バルーチュは金銭への執着が少なく、商業行為を好まないともいわれる。こうした心理的な特徴は、彼らの生活圏のありかたに、むしろ規定されているとみたほうがよいであろう。

遊牧民の政治経済力

ただ、この遊牧圏の経済的環境の違いが、牧畜専業型遊牧民と多資源適応型遊牧民とを分化させたのは確かであるが、問題はそれだけにとどまらないことを付け加えなくてはならない。この遊牧環境のもつ経済構造の違いは、そこを遊牧する牧民の政治経済力に大きな効果をもたらしたからである。バザール都

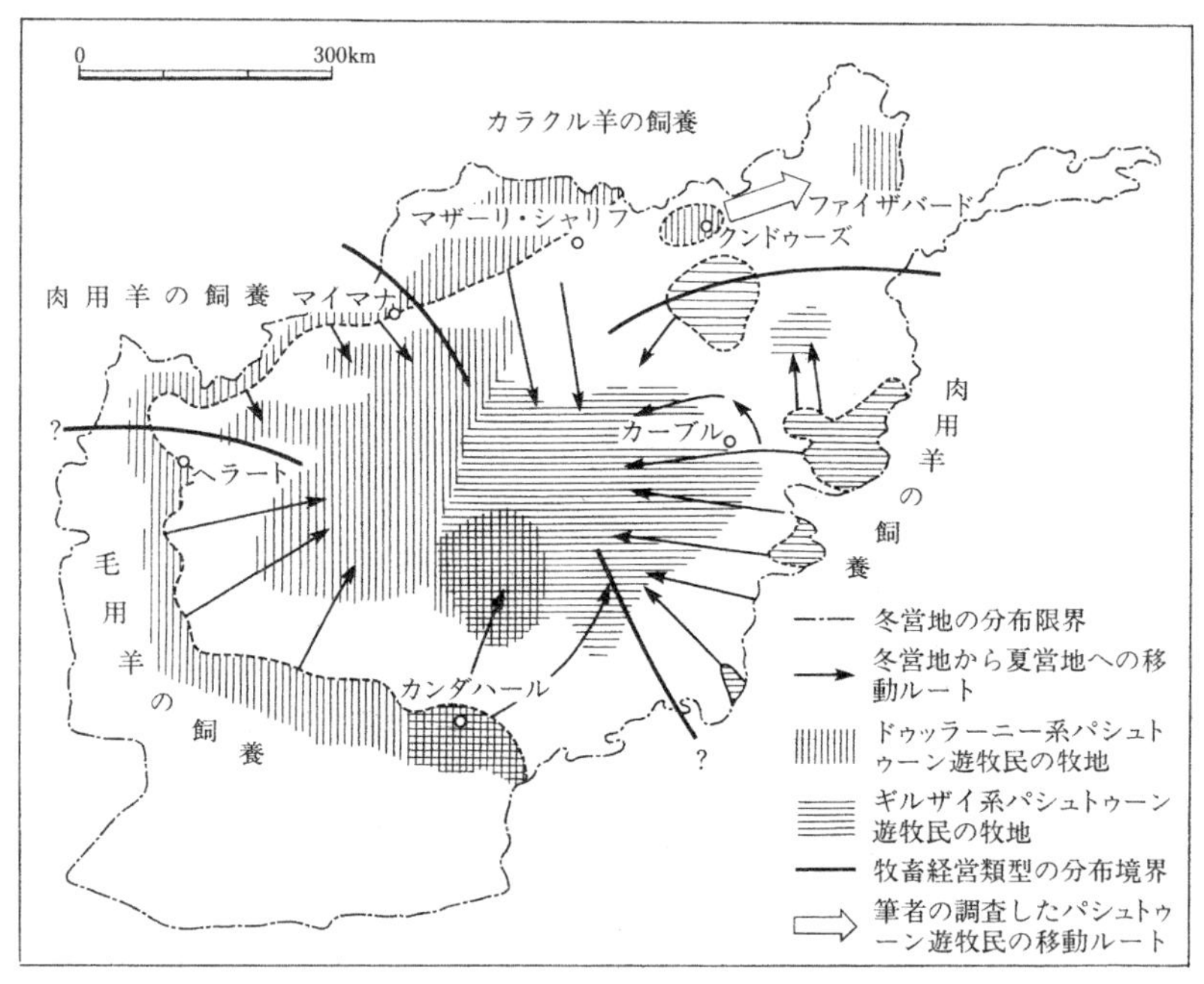

図4　パシュトゥーン遊牧民の移動ルートと牧畜経営類型

市をその遊牧圏や移動ルートのなかにもつパシュトゥーン遊牧民は、牧畜生産の経済性を高めるように、互いに競争しながら牧畜経営を構築してきた。生まれたばかりのオス仔ヒツジの毛皮をとるカラクル・タイプのヒツジの飼養は、もっとも経済効率の高い遊牧である。肉用の去勢オスヒツジを育てるよりも、毛用のタイプのヒツジを飼育して年に二回毛を刈って売るよりも、カラクル・タイプのヒツジはより大きな利潤をもたらす。

カラクル・タイプのヒツジの飼養は仲買人、都市バザールの毛皮商人、加工職人、輸出業者という一連の都市の商人や職人との協調によって可能になり、安定した利益を生むものである。北東アフガニスタンのパシュトゥーン遊牧民は、これらの都市の商人や職人と同じ民族、そして、そのなかでも同じ部族に属する。これらの同じ民族同じ部族に属する都市居住の商人や職人たちとの協力によって、カラクル羊群の遊牧に特化していったのである。このような利益率の高い牧畜をおこなうことによって、パシュトゥーン遊牧民たちは、大きな経済力をもち、それを背景にして強い政治的発言権を保有するようになったのである。

もっとも、アフガニスタンの国家そのものが、一八世紀の建国以来パシュトゥーン人を支配層としており、本来の居住地であったヒンドゥークシュ山地の南側から北東アフガニ

図5　アフマド・シャー・ドゥッラーニー

スタンへのパシュトゥーン遊牧民の移住自体が、ロシアとの国境を守ることを第一目的とした国策としておこなわれた。このために、この地方のパシュトゥーン遊牧民は、もともとアフガニスタンの国家機構のなかでも優遇され、権力に接近しやすい位置を保持していたともいえるのである。彼らは、この政治的な位置をうまく用いて、北東アフガニスタンにおいて、遊牧民から輸出業者まで連続するひとつのカラクル羊皮産業を、自らの部族で独占していったのである。ちなみに、彼らの部族名ドゥッラーニーは、一種の美称であって、「真珠から生まれた人たち」という意味である。一八世紀にアフガニスタン初の国王になったアフマド・シャーがこの部族の出身であったからである。

これらのパシュトゥーン遊牧民に比べて、マクラーン地方のバルーチュ遊牧民は貧しく、特別な経済的機会に近づくすべを何ももたない。彼らは、ナツメヤシ・オアシスで土地と水利権をもつバルーチュのエリート層にずっと政治的に従属してきた。大きなナツメヤシ・オアシスの大土地所有者は、そこの高台に泥と日干しレンガの堅牢な城砦をつくり、二〇世紀の初めまで、強大で自律的な政治権力を保持してきた。バルーチュ遊牧民は、これらの領主である大地主に、家畜の一〇分の一をさし出して保護を受け、夏のナツメヤシの収穫期には、それに寄食することを許されていたかわりに、領主の求めに応じて戦士を供出したりしていたのである。

パシュトゥーンの遊牧民たちが、国王の継承紛争のときに、独自の判断で軍事的な支援をおこない、それがしばしば圧倒的な効果をもったのと対照的である。パシュトゥーン遊牧民の長のなかには、その戦功によってとりたてられて、都市貴族化していったものもあった。彼らの子孫が、やがて、同じ部族の遊牧民と連係して、カラクル毛皮をはじめとする牧畜生産物をめぐる経済活動を統括するのに手腕をふるうことになるのである。

遊牧の環境

こうした遊牧民の政治経済的な可能性が、遊牧圏の歴史的経済的な構造に左右されていただけではない。実は、遊牧民の遊動のありかたさえもが、この遊牧圏の経済的な構造にかかわって規定されているとみられるのである。すなわち、バルーチュ遊牧民のように、牧畜ばかりではなくラクダによる運送業、小規模な農耕、ナツメヤシ収穫期のオアシスへの寄食、道路工事や地下水路の浚渫（しゅんせつ）といった賃労働などに携わると、自然と遊動は不規則で複雑なものになっていく。遊動キャンプが二つに分裂したり、小さな遊動をくり返したりということも多くなる。

それに比べて、パシュトゥーン遊牧民の移動は、冬の牧野と夏の牧野を結ぶもので、季節移動といってよいほどに規則的なものである。移動距離も大きい。しかし、考えてみれば、これらの特徴も、まさに、パシュトゥーン遊牧民の大きな経済力や政治的な権力への近接の容易さに由来しているのである。夏と冬の二つの離れた牧野を確保し、その間を自由に往来すること自体、彼らの潜在的な政治力を物語っているといえるのである。

西南アジア遊牧民の二類型は、牧畜専業と多資源適応の単純な区分だけに対応するのではない。背景には、遊牧圏が経済的に活発で換金経済が発達し、古くからの都市バザールがあるかどうか、という遊牧環境の問題がかくされている。経済的に活発で、よい都市バザールと人口稠密地をもつところでは牧畜専業の遊牧が発達し、巨大な利益が可能になる。そこでは、よく組織された大距離の季節移動が、大きな経済力とそれに裏打ちされた政治的な力によって可能になる。

一方、都市を欠く遊牧環境では、遊動はたいした経済的な意味を担うことなく、遊牧民はいろいろな仕事をえるために不規則な遊動をおこない、その地方の定着民の政治権力に服従することになるのである。前者が北東アフガニスタンのパシュトゥーン遊牧民、後者がパキスタンのバルーチスターン、マクラーン地方のバルーチュ遊牧民に代表される。つぎの二つの章で、彼らの遊動生活をみていくことにしたい。

牧畜に生きる

パシュトゥーン遊牧民

夏の牧野

夏営地シワ高原

北東アフガニスタンのドゥッラーニー系のパシュトゥーン遊牧民の冬の村の集中地のひとつは、クンドゥーズという町の北に広がるアム・ダリア河の氾濫原にある。あたり一帯は、一九世紀に入植して来た彼らパシュトゥーン遊牧民のための共有の牧野になっている。しかし、夏の間、この海抜七〇〇メートルほどのトルキスタン平原の南縁は、猛烈な暑さと乾燥に襲われる。パシュトゥーン遊牧民は、その年の春に生まれた仔ヒツジが歩けるようになるのを待つかのようにして、海抜高度三〇〇〇メートル以上の夏の牧野にやって来る。

彼らは、夏の牧野をアイラックと呼ぶ。アイラックは、たいていはバダフシャン地方に

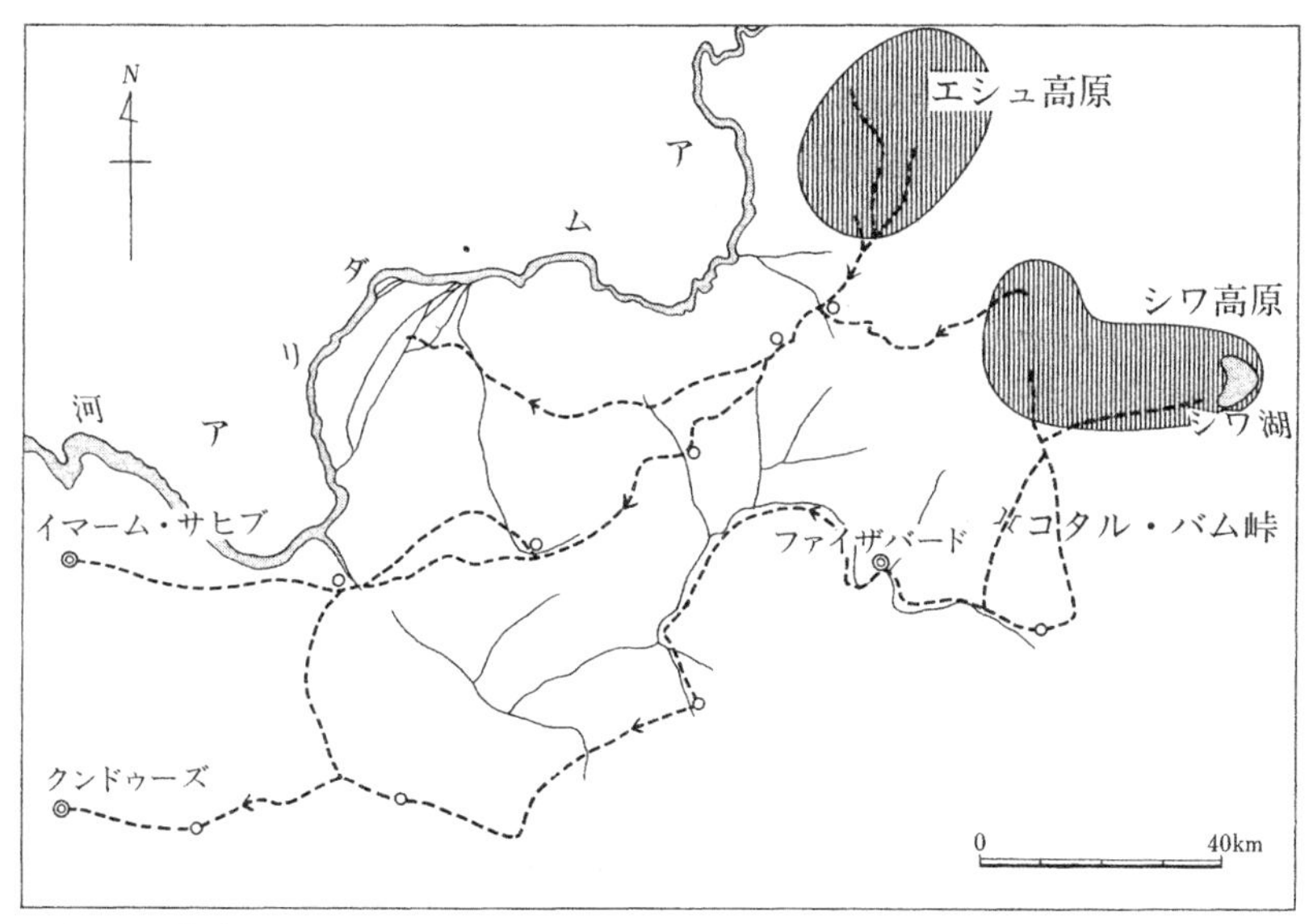

図6　北東アフガニスタンのドゥッラーニー・パシュトゥーン遊牧民の秋の移動ルート

あるが、一部の牧民はハザーラジャトのほうにアイラックをもっている。アイラックは、冬の牧地キシュラックが共有地であるのとは異なり、ほぼ拡大父系家族ごとに、場合によっては一人の男性によって、個別に所有されている。山稜、河川、岩峰などの目印が、アイラックの境界として選ばれている。ただ、水汲みや動物の水飲みのための河川やその周辺の牧地、キャンプ地については境界は明瞭だが、その背後の高い山稜まで広がっている乾燥した牧野については、その利用できる範囲は一部重なっているようである。

バダフシャンの中心都市ファイザバードから北東へ進むとコタル・バムという海抜二九〇〇メートルの峠がある。ここから、国境の湖シワ湖までの間には、山々を縫うようにして通ることのできる道があり、点々とパシュトゥーン遊牧民の夏のキャンプ地が続いている。この道は、パシュトゥーン遊牧民だけが用いるのではなく、むしろ、この地方に定着村をつくっているタージク人の農牧民が周年用いているものである。パシュトゥーン遊牧民は、ここへ、夏の二ヵ月間やって来るのである。

コタル・バムからシワ湖の間には、道沿いに小さなチャイ・ハナ（茶屋）の点列が一日行程ごとに並んでいる。小さいながらも、旅人に食事と寝場所を供することができるようになっている。それらの茶屋は、パシュトゥーンではなくタージク人によって経営されている。場合によっては、つぎのチャイ・ハナまでウマを貸してくれたりもする。

パシュトゥーン遊牧民は、一九世紀に南西アフガニスタンのカンダハール近くから移住してきて、この農耕に適さない高層湿原の牧野としての利用権を入手したのであろう。パシュトゥーンたちは、この地方の行政の高官からえた許可状のようなものをもっている。

コタル・バムからシワ湖までの間にも、いくつもの谷筋が複雑に交叉していて、谷筋によっては、パシュトゥーン遊牧民ではなくウズベクやアラブといった民族集団に属する遊牧民が夏の牧野をもっていることがある。このあたりシワ高原は、アフガニスタン北東部の遊牧的な諸族の夏営地になっているのである。しかし、条件のよい広くて緑の豊かな谷筋の多くは、パシュトゥーン遊牧民によって占拠されているようにみえる。

パシュトゥーンのテント

パシュトゥーン遊牧民のテントは、黒いヤギの毛で織られた布を縫いあわせて大きな一枚の布地につくり、それを三列、一四本ほどの支柱で支えた構造になっている。巨大なコウモリが地面に張りついているように見える。支柱の先には小さな横木がとりつけてあって、支柱の先端がとんがって見えない。これがドゥッラーニー部族のテントの特色で、同じパシュトゥーン遊牧民でも、ギルザイ部族ではとんがっている。

テントの裾と地面の間は開いているので、入口以外の三方には寝具や家財道具などが積まれている。テントの開口部は道のほうから見えないようになっており、入口右手に炊事用の炉をつくり、鉄の三脚がおかれたりしているが、いたって簡単なしつらえである。入口左手はフェルトの絨毯(じゅうたん)が敷かれて、日中は居間になっている。ほぼ核家族ごとにこうしたテントに住んでいる。テントは、ときに一つ、普通三つから五つくらいが集まって集落をつくっている。このテント集落単位で夏の牧野を所有している、あるいはより正確には、牧野の専用権をもっているのである。

これらのテント集落には、小さな白い綿布のテントがひとつ付随していることがある。これらのテントは、後述するような、羊群所有者によって雇われている牧夫たちのものである。こうしたテントのないところでは、雇われた牧夫たちはチャイ・ハナに暮らしている。羊群は、夏営地においては夜間放牧されるため、彼らにとっては、日中の休憩所といった意味しかないのである。

パシュトゥーン遊牧民は、羊群の所有者である。文字どおりマール・ダール（家畜・所有者）なのである。マール・ダールという語は狭い意味で家畜群所有者を意味するだけではなく、広く遊牧民一般をさすこともある。その抽象名詞形のマール・ダーリーという語

図7　パシュトゥーン遊牧民の夏のテント集落

図8　テント集落の男の成員

図９　パシュトゥーン遊牧民の黒いヤギの毛で織られたテント

は遊牧や牧畜をさす。夏営地にやって来る彼らは、なかでも大きな羊群をもっていることが多く、家畜群の放牧のためには、牧夫を雇っている。牧夫はシュプンといい、通常助手チョカルと二人一組になって羊群の放牧に当る。

一群は、普通三〇〇頭ほどにまとめられるのがよいとされている。これには、家畜行動上の根拠があるようである。追随性と群居性の強いヒツジやヤギでは、仲間の数が少ないと不安になるらしく、行動が神経質になってゆっくり草を食べず、群としてもコントロールしにくくなることが確認されている。三〇〇頭がよいというパシュトゥーンたちの考えは、このあたりにも配慮するものなのであろう。

ひとつのテント集落は、少なくとも二つの羊群をもっている。一つは成獣のメスの羊群で、そのほとんどは春に仔を生んだ母ヒツジである。いまひとつは、春に生まれたメス仔ヒツジとタネオスからつくられた群である。両群を一緒にすると、二つの大きな問題があるためである。仔ヒツジがいつも母ヒツジの乳を吸うため、人間の搾乳できる乳量が少なくなるのが第一の問題。第二に、いつまでも母ヒツジの乳を吸っていては、仔ヒツジの体格が大きくならないという問題がある。仔ヒツジは、なるべく牧草を食べて、早く肥育させることが望ましいのである。

夜の遊牧

前述のように、夏の牧野では夜間放牧がおこなわれる。午後おそくなって、羊群はテント集落の近くの流れで水を飲んでから、テント集落をあとにして、その後背地に広がる牧野に出かけていく。二つの群で出かける方角は異なるし、また、周辺の牧野で牧草をなるべく同じ程度に食べさせるように、毎日使う牧野を違える。日が傾いて涼しくなるため、ヒツジたちは旺盛な食欲をみせる。なだらかな傾斜地の草を食べさせて、ゆっくり移動する。そのうちに夜になり、あたりはまっ暗になるが、羊群は引き続いて喫食する。

月のない夜だと、羊群はほとんど視認できなくなる。牧夫たちは、自分たちの視点を下にして、夜空に蔭として浮かぶヒツジたちの背を確認しようとする。ヒツジたちが首に付けている鈴の音が、群全体の広がりを把握するもっとも確かな手がかりとなる。牧夫には、ひとつひとつの鈴の音によってそれをつけている特定の個体の位置がわかり、いつもその個体と行動をともにするグループの所在をつかむことができるのである。

夜の一〇時、一一時ごろになって、ヒツジたちが満腹すると、すこし平らになったところに集めて、牧夫たちも就寝する。寝具も用いず、普段からはおっている厚手のチャパンという外套にくるまって、地面に横になる。羊群のすぐそばである。

図10　夜間放牧に出かける羊群

ヒツジは、夜中に眼を覚まして動き始めることがある。これは、羊飼いたちにいわせると空腹のためだという。すると、風上のほうにむかって動き始め、追随性の強いヒツジは、群ごと動いてしまうことになるという。朝起きると羊群が行方不明ということにならないように、シュプンは、一頭のヒツジの首に紐をくくりつけ、一方の端を自分の足首にくくりつける。こうしておけば、夜中にヒツジが目を覚まして動き出しても大丈夫というわけである。

牧夫たちは、火も焚かず、まったく着のみ着のままで野宿する。テント集落を出るときにもってきた小さな塩辛い堅いチーズをいく粒かと、薄いパンの貧しい食事をして、就寝する。朝は早い。羊群が動き出すと、すぐに朝の放牧が始められる。今度は、昨夕とは別の道筋を通って、ヒツジたちに喫食させながら、またゆっくりとテント集落のほうへ向かって降りていく。

ヒツジの搾乳

昼前にテント集落に着くと、母ヒツジの群からはさっそく搾乳される。大量の乳を搾るときには、一群すべてのメスをロープにくくる。頭を交互にロープにくくりつけ、両側に、ずらりと尻を向けたかたちでロープに固定する。ロープには、二つの輪ができていて、それを首の後でひっかけるようになっていて、ロープへの固定はそれほどの面倒なくおこなわれるようになっている。群所有者の家族の主婦や女の子など女性成員が、母ヒツジの後から搾乳していく。

女性はまず、手を握って、ヒツジの乳房を一、二回強く押し上げる。これは仔ヒツジが母ヒツジの乳を吸うときにおこなう所作をまねたものであろう。手慣れた搾乳をつぎつぎおこなっていく。パシュトゥーン遊牧民にとってこの乳は、換金したり商品化することがないため、搾乳はそれほど熱心に徹底してはおこなわれない、という印象がある。

こうして搾乳がおこなわれている間、群所有者の男は、自分の羊群を見て廻る。怪我をしていないか、ちゃんと牧草を食べて肥っているか、ダニはついていないか、とヒツジを見ながら、適宜、雇っている牧夫に指示を与える。基本的に、群所有者は牧夫に、半年またはー年の契約で、衣食を保証し、いくらかの金銭を与えている。冬の半年の契約については、生まれた仔ヒツジの一割をシュプンに与えるというような契約もありうる。しかし、放牧は、夜間に群所有者のいないところでおこなわれるため、群所有者と牧夫が完全な信頼関係にあるというわけではない。イランの遊牧民については、両者はまったく相互不信という関係にあるのだ、という報告があるくらいである。

群所有者にとって、夜間放牧はもうひとつの利点をもっている。それは夜間、雇った牧夫たちがテント集落の近くにいないことで、彼らが家族の女性成員と性的な関係をもつ可能性がないからである。パシュトゥーン遊牧民は、結婚外の性関係にきわめて神経質で、もしこのようなことが発覚すると、関与した男も女も殺される。パシュトゥーン人には、パシュトゥヌワレイという一種の部族の掟(おきて)があって、英語ではよくモラル・コードと表現される。そこには男性の徳目としての客人歓待、約束の遵守などとともに、婚姻外性関係をもった男女を殺すことがはっきりと述べられる。

雇われている牧夫は、自分たちの家畜群をもたず、貧乏な男であることがほとんどである。妻シュプナをもっていることは、ほとんどない。パシュトゥーン遊牧民の男からは、そうした男と自分の家族の女性との関係はまず何よりも避けなければならない事件なのである。誇り高い家畜群所有者にとって、大きな名誉の問題だからだ。牧夫たちは、日中は与えられたテントのなかやチャイ・ハナで休息しつつ、ゆっくりとしている。のどかに横笛の音などが聞こえてくることもある。

夏の牧野での群所有者たちの日常も、いたってのんびりしたものである。女性たちは日常の家事に忙しいが、男たちはおしゃべりを楽しんだり、近隣のテント集落からやって来る客をもてなしてくつろいでいる。ときにウマに乗って、コタル・バムを降りて買い物に出かけるくらいである。とはいえ、男たちは、こうした機会に、牧畜生産品やいろいろの物産の値動きばかりか、広く政治や経済の状況について、できるだけ詳しい情報を集めることに余念がないのである。移動時に通過する村や町における紛争の行方といった、マイクロ・ポリティクスについても、十分に知っておかなければならないからである。

生乳の加工

群所有者の夏の牧野での主要な仕事は、搾乳した乳の加工、毛刈りと刈り取った羊毛によるフェルト絨毯つくりである。前者については、もっぱら女性成員がおこなう。

搾った生乳は、布でゴミや毛をこしとったあと、加熱される。表面に浮き出してくる脂肪分は、おいしいクリームとして別にとって置いて、ナーン（薄いパン）につけて食べたりする。加熱された乳は、ヒツジあるいはヤギ一頭分そのまま袋にした革袋に入れて、一晩おかれる。この革袋には、ヨーグルトに発酵をうながす前回の残りのヨーグルトがスターターとしてついているため、放置すれば自然に発酵してヨーグルトになるのである。

この革袋を、木の三脚に吊るして揺する。約一時間続けて揺すらなくてはならず、かなりの労働である。こうしているとヨーグルトのなかの脂肪球が集まって、バターが革袋内の液の表面に析出する。ときどき革袋の口を開いて、圧力を加減したりしながら、このバターを集める。バターは白っぽく、多くの水分を含んでいるので、一度加熱し腐敗しにくいように塩を加えたりする。この透明バターはしばらくは保存が効くので、いろいろな食品加工に用いられる。野菜などを香料とともに、このバターといためたものは普段の副食となる。

残った液体分バターミルクは、さらに一時間ばかり加熱してから、濾過して、固形分をとり出す。これは脂肪分のない、一種のチーズである。遊牧民は、塩を加えたあと、これを直径一〇センチほどの塊に握って、天日で乾燥させる。それは、クルットと呼ばれる。夜間放牧のときに牧夫が食べていたのもこれで、彼らのものは携帯用に小さくつくられているのである。

このクルットという一種の乾燥チーズは、西南アジア地方を越えて遊牧民ばかりではなく、広くつくられる。トルコ語系の単語だが、広くイラン系諸語にも取り入れられている。塩を加えて、よく乾燥させてあるので、数年間変質しない。春に仔が生まれ、秋以後メス家畜が乳を出さなくなってから、とくに冬季、このチーズは用いられる。粉末にしてから湯に溶かすと動物性蛋白質に富んだスープになり、冬の食卓には欠かせない一品となるのである。

図11　天日干燥されるクルット

図12　バザールで売られるクルット

クルットを取り出したあとの液体は、家畜に飲ませたりすることもあるが、それを煮つめることもある。鍋の底には、色は黒いが、クルットに似たものが残る。それは、カラ・クルット（カラはトルコ語系の言葉で、「黒い」という意味）、黒いクルットと呼ばれる。クルットの二級品として、日常消費される。

クルットは、バザールで売られていることもある。このときには、長さ三、四センチ、直径二、三センチの紡錘状に形を整えてあることが多い。

フェルトの絨毯つくり

フェルトの絨毯つくりは、まずヒツジの毛刈りから始まる。ここシワ高原に夏営地を構えるパシュトゥーン遊牧民は、羊毛を取るのに適したヒツジを飼養しているわけではないので、毛刈りは一年に一回しかおこなわれない。同じパシュトゥーン遊牧民でも、アフガニスタンの南西部地方のものは、毛用のヒツジの群をもっていて、彼らは年二回、移動の途次羊毛工場の近くを通るときに毛刈りをして、その羊毛を売る。

近隣のテント集落の男たちが協力して、羊群をつぎつぎと毛刈りしていく。ヒツジの頭を両脚の間にはさんで大きなハサミを両手でさばきながら、能率よく刈っていく。ヒツジがあばれて皮まで切ることもまれにあるが、灰をすりこんでおく程度である。おもしろいのは、彼らは、ヒツジの毛をすべて同じように刈り込んでいくのではない。尻の上の一部とか、首から肩にかけてとか、一部の毛を刈り残すのである。これをブーコンといって、いろいろなパターンがある（図14参照）。

最初、それは、誰が刈ったのかがわかるようにしているのかと思われた。しかし、見ていると、一人の男が何通りものブーコンをつくっている。刈った人が誰かがわかるためでもなく、どの所有者のヒツジかを示すものでもない。どうしてこんなブーコンをつくるのかを聞くと、パシュトゥーンの男は満足気に、綺麗だろうが、と言うのである。ヒツジのブーコンはどうも美的効果のためにつくられるとしか考えられないのである。

毛色が黒、褐色、ベージュ色といろいろあるが、濃色のものと淡色のものとが分けられる程度で、それほどきっちりと色ごとに分けない。刈った羊毛は、日に干してから、女たちが長さ一・五メートルほどの棒で、丁寧にたたいてほぐす。フェルト絨毯の模様の部分をつくるために、淡色の羊毛を、赤や緑や黄や青に染めておく。染料は、町で購入しておいた化学染料である。

フェルトつくりは、簀子（すのこ）の上に不用になった布を敷き、まず、模様の部分に染めた羊毛を配置することから始められる。そして、水を打ちながら、その模様の上に、まんべんな

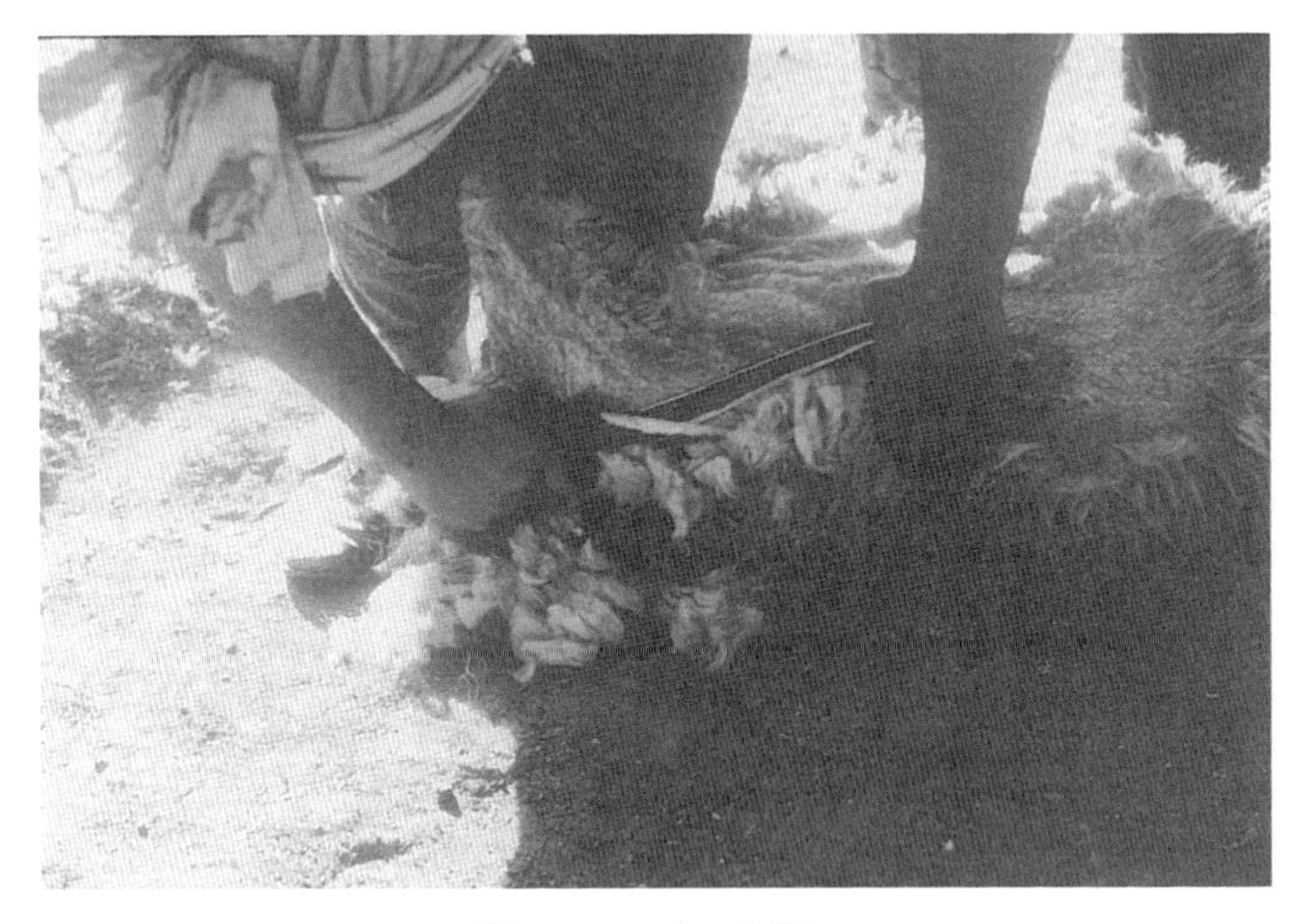

図13　ヒツジの毛刈り

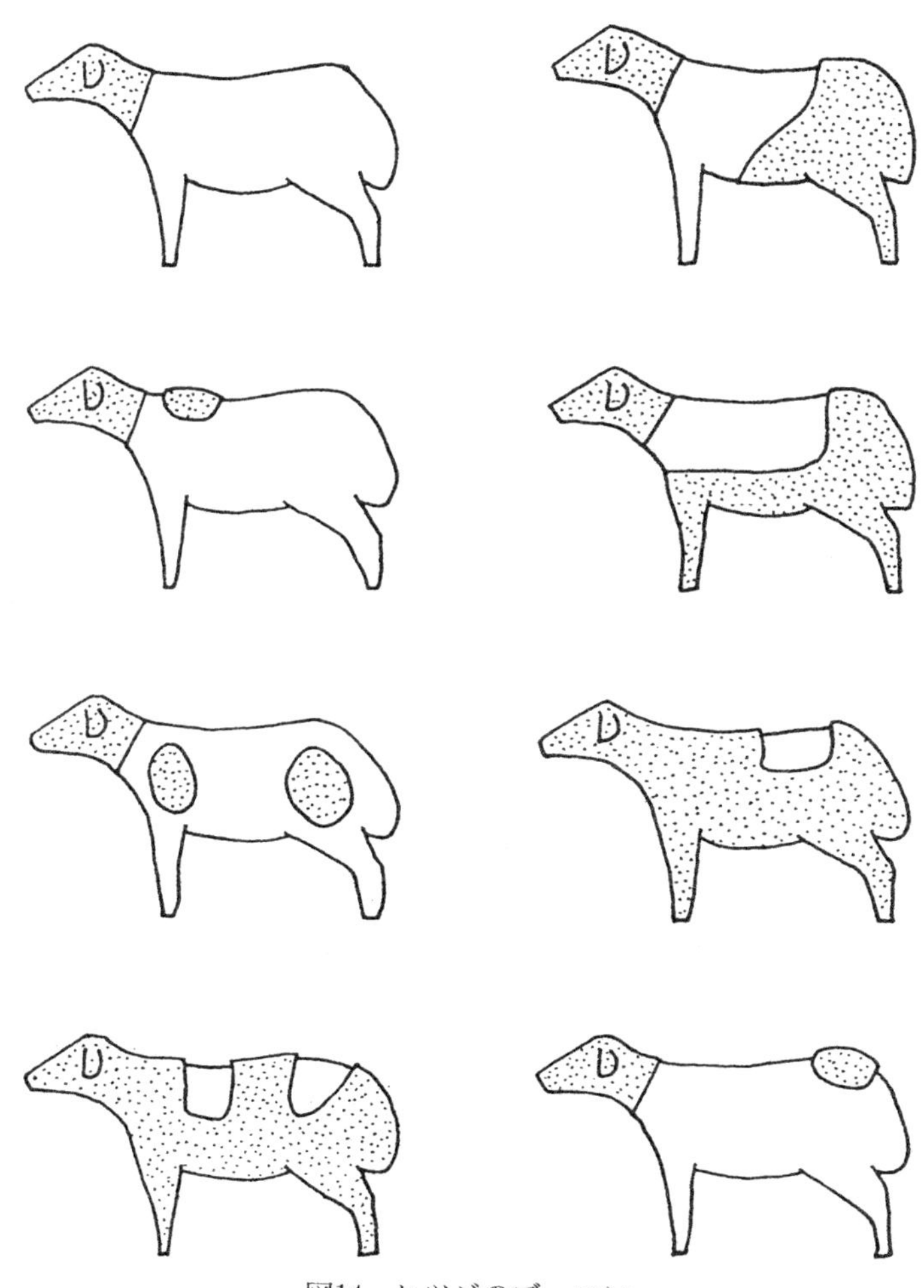

図14　ヒツジのブーコン

図15　フェルト絨毯をつくるパシュトゥーン遊牧民の女たち

図16　フェルト絨毯を踏んでやわらかくする男

図17　完成品のフェルト絨毯

く濃色の羊毛を敷きつめていく。同じ厚さになるように、手でちぎった羊毛のかたまりを少しずつ置いていく。ここまでが女性たちの仕事である。そして、これを簀子で巻く。ロープをかけて、両側から何人もの男たちが、交互にこのロープを引っ張って、簀子をしごくのである。こうして水分が蒸発し、羊毛がしっかりと固まって、フェルトができあがるわけである。仕上げに、一人の男が大きな木の三脚につかまりながら、両足でこのフェルト絨毯を踏んで、柔らかくする。男はつぎつぎ交替する。

これらのフェルトの絨毯は、パシュトゥー語でロムツェと呼ばれる。遊牧民のテントのなかの居住部分には必ず敷かれているもので、自家用にも用いられる。バザールでも売られるが、けっして高価なものではなく、パシュトゥーン遊牧民の主要な収入となっているとはとても思われない。これは、クルットというチーズについても同じである。

夏営地の日常

パシュトゥーン遊牧民の男たちは、身ぎれいに装い、好みのターバンをつけてチャパンという外套をはおっている。女たちも美しく着飾っていて、じつに優雅である。全身に銀の装身具をつけている。男たちもおしゃれで、トルコ石やラピスラズリーの指輪をしていたりして、それがなかなかよく似合う。

日常の放牧労働のためにはシュプンとその助手を雇っているので、彼ら群所有者の夏の牧地での生活は、まるで避暑の休日のようにみえる。実際、同じころ、冬の村のあるトルキスタン平原は、連日摂氏四〇度を越す暑さに見舞われているのである。夏営地では、エーデルワイスなどの花が咲き乱れ、冷たい雪融け水の小川が縦横に流れ、遠くには冠雪した四〇〇〇メートル級の山々が見渡せる。ウマやロバは、この小川近くで小群になって草を食べ、テント集落の少年が、ときどき隣のテント集落から入ってきたウマやロバを追い返したりしている。パシュトゥーン遊牧民の豊かさを支える経済活動は、ここ夏の牧地ではうかがえないところで展開されているのである。

牧畜経済とその背景

カラクルというヒツジ

シワ高原に夏の牧地をもっているパシュトゥーン遊牧民の経済活動は、彼らの飼うヒツジの種類と密接に関係している。一般に、西南アジアの遊牧民のヒツジやヤギは同じ形質をもっているわけではない。一部では近代になってヨーロッパから導入された品種が用いられ、一部では土着の地方タイプのものが飼われている。それぞれの特徴によって、肉用の去勢オスを商品にするか、羊毛が商品になるのか、といった経済的な意味が違ってくるのである。遺伝的に純系になっている品種とは異なり、遊牧民の家畜たちは同一の特徴を共有し一見よく似ていても、遺伝的に純系ではない。このため、世代を重ねていくと、違った表現型をもつものも少数出現する。また牧民自身が、この純系を保つような意識をもってもいない。このため、ここでは品種とは呼ばずに、地方タイプと呼ぶことにする。

シワ高原に来ているパシュトゥーン遊牧民は、カラクルと呼ばれる地方タイプのヒツジの群を飼っている。このヒツジは、肉用ヒツジのように脂肪を蓄積している尾、脂臀が発達しているわけではなく、その毛は肉用ヒツジのように剛毛で短いというのでもないが、毛用ヒツジのように白くてふさふさしてもいない。毛色も多様である。これらのヒツジは、じつは春にうまれたばかりの仔ヒツジを殺して、その柔らかくてぴたりと巻きついた毛皮をとるために育てられているのである。メス仔ヒツジを殺すと、やがて仔ヒツジを生む可能性を失うので、メスの仔ヒツジは殺されない。オス仔ヒツジだけが殺されるのである。シワ高原の片方の群の仔ヒツジがメスばかりだったのはこのためなのである。

もちろん、ごく少数のオス仔ヒツジは殺さないで、育てられる。将来タネオスとして用いるためである。カラクル羊皮は、毛質や色の稀少性によって価格が決められるが、平均的によい値段になる毛色というものがないわけではない。このためタネオス候補のオス仔ヒツジは、骨格のしっかりした丈夫そうなもので、毛色がよいものが選ばれる。しかし、パシュトゥーン遊牧民の側に、メスの毛色とオスの毛色とで、仔ヒツジの毛色がどう決ま

図18　カラクル・ヒツジ

るかについて、明確な考えがあるわけではない。東アフリカの一部のウシ遊牧民のように、彼ら固有の毛色と模様についての民族遺伝学をもっているわけではない。このため、タネオスの毛色としては、よほど販売に不利になるような灰色といったものでないかぎり、許容される幅は広い。

カラクルの取引

カラクル羊皮は、西欧諸国でも手袋やコートの襟に用いられるが、西南アジアから中央アジアにかけては、もっぱらつばのない帽子につくられる。毛皮の状態と色によって、高価なものは一頭分数万円もの卸値で取引されるのである。カラクル羊皮は、肉用ヒツジや毛用ヒツジの牧畜よりもきわめて利益率の高い牧畜経営を可能にする。

シワ高原に夏営地をもつパシュトゥーン遊牧民は、これらのカラクル羊皮をとるカラクルという高収益の地方タイプの羊群を所有しているのである。夏の牧野にきてくつろいでいるパシュトゥーン遊牧民の家畜群所有者たちは、すでに冬の村にいるときに、このカラクル羊皮の販売でその年の収入の大部分を手にしているのである。生まれてくる仔ヒツジのうち、オスはほとんどその場ですぐに殺されて、毛皮がはがされる。すぐに岩塩を大量にまぶしつけて、外側を布で包む。小さな直径一二、三チセンの布の包みになる。順次これをためておくと、町からカラクル羊皮の仲買人がやって来る。彼らも同じパシュトゥーンであり、しばしば同じドゥッラーニー部族に属する。ときには、より親しい同じ父系の集団のメンバーであることもある。

通常、仲買人と遊牧民は長い間の取引関係をもっている。それでも毎年、カラクル毛皮の相場や、冬の間の気候条件のために価格が変動し、取引には長い折衝がつきものである。仲買人はカラクル毛皮を十分な数だけ買い集めると、都市のバザールの皮なめし職人にこれを渡す。一部は、これから、そのバザールの帽子製造職人、そして帽子販売業者へと流れていく。より大きな数のカラクル羊皮は、首都カーブルや南西部の大都市にまとめて販売される。もちろん、輸出されることもある。

これらのカラクルを取り扱う職業の人たちのかなりの部分が、同じパシュトゥーンという民族集団に属し、パシュトゥー語を母語としている。パシュトゥー語はむずかしい言語で、両親がパシュトゥー語話者でない場合には、まず流暢（りゅうちょう）に話せないとされる。カラクル羊群の飼養から、その毛皮の加工、製品化、販売、輸出までがひとつの民族集団によって占められ、その利益がほかの民族集団へ流出しないように守られているのである。

パシュトゥーンと国家

「遊牧民の二類型」でもふれたように、北東アフガニスタンのパシュトゥーン遊牧民は、一九世紀に国王アブドゥル・ラフマーンの呼びかけによって、国土の北方を守るために移住してきた。このころ、ちょうど現在のアフガニスタンの地理的版図ができあがり、近代的な国家としてのアフガニスタン王国の祖型が形をなしたのである。当然、これらのパシュトゥーン遊牧民は、いろいろな特典を国家から与えられた。逆に、中央から派遣される行政に携わる役人たちは、同じパシュトゥーンである彼ら入植した遊牧民の支援によって、ようやくその職責をまっとうすることができたのである。

パシュトゥーン遊牧民が、北東アフガニスタンへ移住してきたとき、ウズベクなど多くのトルコ系諸民族がすでにそこで暮らしていた。先住のトルコ系の人びとにとって、新しくやって来たパシュトゥーン人は、たんなる侵入者であり、彼らの既得権を侵す外来集団にしかすぎなかった。トルコ系の人びとは、くり返しパシュトゥーンの侵入者を攻撃、略奪して悩ませた。これらトルコ系の人たちの行動は、国王アブドゥル・ラフマーンを激怒させたばかりか、それ以後、アフガニスタン国内において、トルコ系住民の地位を低いものにしたことは否定できない。

こうした一九世紀末の政治過程のなかで、パシュトゥーン遊牧民たちは中央政府とその地方行政に協力する一方で、自分たちの利益を公的に認知させていくことに成功したのである。北東アフガニスタンにおいて、カラクルという地方タイプの羊群の牧畜が、独占的にパシュトゥーン遊牧民によっておこなわれるようになった背景として、以上のような政治史を考えなくてはならないだろう。パシュトゥーン遊牧民の国家権力へのアクセスのしやすさが、その経済的な成功と不可分に結びついているということである。

このため、同じシワ高原に夏の牧地をもっていても、ウズベクやアラブの遊牧民は、カラクル地方タイプのヒツジの飼養をおこなっているわけではなく、肉用のトルキー（トルコ）とかアラビー（アラブ）とかいう名で呼ばれている地方タイプの羊群を育てていた。生後一ヵ月ほどで去勢されたオス仔ヒツジはそのまま育てられ、半年後くらいから順次家畜市場に出して売られる。買うのは農民や都市民で、イスラームの祭日の前には需要が高くなる。彼らは遊牧民から買ったヒツジを家の中庭や、場合によっては屋上で何日間か飼って、必要な日に屠（ほふ）るのである。

ウズベクやアラブ遊牧民は、同時に、彼らの牧野の用役権が、パシュトゥーン遊牧民によって圧迫されることを口々に訴えていた。これも明らかに、上記の政治過程に関係している。ウズベクやアラブ遊牧民は、地方行政の窓口においても、首都の中央政府の担当部局に対しても、有効な接近法を知らない。これまで着々と政治的な紐帯を強めてきたパシュトゥーン遊牧民に勝つことはむずかしいのである。

遊牧の政治性

こうした牧畜経済とその歴史的な成立をみてくると、遊牧という生活様式が、ひとつの生態的適応であることは確かだが、それ以上にきわめて政治的な性質を帯びたものであることに気づかざるをえない。近代的な統治機構が成立して以後に、何百㌔にもわたって季節移動をおこない、ときにはパスポートやヴィザなしに国境を越え、その両側に生活拠点を保持するといった生活が、かなりの政治的折衝なしには存在しえないことは明らかであろう。

一九七九年一二月のソヴィエト軍の進攻まで、北東アフガニスタンにおいて、遊牧民がかなりの人口を保持し、経済的にも豊かな牧畜経営に成功してきたのには、彼らのたゆまぬ政治的な活動があったことは確かであろう。ほとんどあらゆる遊牧民が、国家権力と対立し、ときには遊動の道筋に軍の戦車が配備されるような事態をへてその遊牧生活を放棄しなければならなくなった。パシュトゥーン遊牧民の場合は、一八世紀のアフガニスタンという国家の成立時からかなり特異な経緯をたどりながら、彼らの牧畜生活をむしろ発展的に維持してきたといえるのである。

放牧の技法

ヒツジの性質

パシュトゥーン遊牧民の牧夫たちは、ほぼ二人で三〇〇頭ほどの羊群を放牧すると書いた。この数は相当なもので、通常の行進のときにはシュプンが群の先頭に立ち、チョカルが後尾から追い上げるようにして群を動かしているが、いったん散開するとほとんど二人の人間では手に負えないようにみえる。彼ら牧夫たちは、どのような知識を応用して、この仕事をやすやすとこなすのだろうか。

まず、ヒツジという家畜の性格をみておかなくてはならない。ヒツジはきわめておとなしく、殺されるときでも声を上げない。一頭だけで人間に追われると、やはり逃げまわるが、それでも群の仲間のところへ戻ろうとする。そして、何よりも同種の複数個体に対して非常に強い追随性をもっている。むしろ、動いていないときには体の接触を好むといってもよいかもしれない。夜寝るときや、昼間小さい木蔭に入って休憩するときなどは、一頭のヒツジの後肢の間にもう一頭が頭を突っ込むようにして、密集した集団をつくる。前のヒツジが糞をしても、後のヒツジはその糞を鼻先にのっけたまま身動きもしないというような光景も見られる。

そして、この強い追随性は、動くときにも止まるときにも発揮される。一頭が動き始めると残りも動くが、反対に、先頭の一頭が止まってしまうと残りも止まってしまうことがある。前者については、夜間放牧のときの例をすでに述べた。後者については、こういうことがある。群が塀に沿って歩いていてその塀がなくなってしまったとき、先頭の一頭が立ち止まると、群全体が止まってしまうのである。こんなとき、牧夫が声をかけたり、杖で突いたりして先頭の個体を歩かせると、再び群全体が動き始めるのである。

そしてヒツジの場合、この止まってしまうきっかけは、さきの塀がなくなるような、ごく些細(ささい)なことであることが多い。幅二、三〇センチ、深さ一五センチほどのごく浅い溝も、そのようなきっかけになる。したがって、牧夫は、先頭の一頭を無理に動かすようにすれば、群全体を動かすことができる。このため、羊群にヤギを一頭加えることがおこなわれる。パ

図19　羊群の放牧（夏営地）

図20　羊群の放牧（冬営地）

図21　羊群に加えられているヤギ

シュトゥーン遊牧民の場合、このヤギは大型の黒い長毛のものである。ヤギはヒツジよりも大胆で、先にどんどん進むので、羊群を行進させるときには有効である。しかし、ヤギはけっして牧夫の指示を理解できていないし、羊群の引率を任せることはできない。とにかく、ヤギのほうが活動的で、ヒツジのように臆病なところがないというだけである。羊群が休息していても、調査者がいて珍しいと、ヤギだけは近寄ってきてカメラのレンズをのぞき込んだりする。

ヒツジを操る

ヒツジの群は、その強い追随性を構造原理としているために、いたって統制しやすい性質をもっているといえるのである。そして、十分に家畜化されているので、ヒツジにおいては、この追随性が同種の仲間に対してだけ発揮されるのではない。明白に牧夫にも向けられる。牧夫がヒツジたちからあまり珍奇に見えない普段の服装で、羊群の近くをゆっくりと動き、平静な口笛やかけ声を規則的に発するときには、ヒツジたちはこのような牧夫の動きに追随しようとする。しかし、重要なのは、このときのヒツジと牧夫の距離関係である。ヒツジたちは、同種個体に対するようには、牧夫に近づこうとはしない。

逆に、たとえゆっくりした動きをしていても、牧夫がヒツジにくっつくことはむずかしい。牧夫が近づきすぎると、ヒツジは同時にゆっくりと離れて距離をたもとうとする。ヒツジと牧夫に関しては、この距離は比較的短い。牧夫によくなついているタネオスヒツジの場合には、牧夫が呼ぶと近づいていって、体を接触させるほどに慣れていることがあるほどである。この個体距離をたもとうとするヒツジの行動は、調査者のような新奇な存在に対しては、いかんなく示される。牧夫が近づくことのできるところまで、新奇な存在は近接を許されない。ヒツジがより警戒しているということである。

この距離を無視して強引に近づくと、ヒツジは近接してくるものから逃げようと走り去る。そして、この逃避は、個体距離をたもつためにだけおこなわれるわけではなく、あまりに強すぎる刺激に対していつもおこなわれる。ヒツジが追随する状況では、牧夫はゆっくりと動き、平静にくり返し音声を発することは述べた。もし、突然に動き、大声を出したり、強すぎる刺激を羊群に与えるとどうなるか。ヒツジたちは驚いて右往左往して逃げようとする。群は乱れ、ときには分裂してしまう。

ヒツジは、適切で平静な動きや刺激に対しては、ある程度の距離をもって追随しようとし、突然で強すぎる動きや刺激に対しては逃避しようとする。明確な行動原理をもっているのである。これは、あらゆる動物についてあてはまる行動の原理のひとつであろう。羊群を扱う牧夫たちの放牧の技法も、もっとも原則的なところでは、この行動原理に依拠しているのである。普通に羊群を歩かせているとき、牧夫たちはホーエホーエといった長い裏声や、ヒューヒューと口笛を吹く。歩調もヒツジにあわせて、手にしている杖なども振りまわすことはない。

しかし、途中別の群と出会って混ってしまいそうになったり、車が近づいてきたりしたときには、牧夫は杖を振りまわし、大声を出して、羊群の動きをこれまでと大きく違う方向へもっていこうとする。牧夫は、もちろん、ヒツジの逃避行動が全体としてどのような動きになるかを予測して、強い刺激を羊群に与えているのである。もっとも、彼らの予想に反する反応もありうるわけで、群が思わぬ方向へ行ってしまったり、分裂したり、数頭が群からはぐれてしまったりということも、やはりおこりうる。

雇われた牧夫

西南アジア地方の遊牧社会において、具体的な放牧の作業にあたるのは、雇われた牧夫である。彼らは、夏季、冬季の半年、あるいは一年という期間、群所有者と契約して、群所有者の羊群の放牧に当る。夏は夜間放牧をおこなわなくてはならず、春と秋には長距離の移動があり、冬から早春には、後述するように積雪や凍害などの困難がある。しかし、なんらかの理由で家畜を失ってしまった遊牧民は、この雇われ牧夫となって、もう一度自分の畜群を再建するよりほかないのである。

羊群の側からみれば、彼らにつきそってくれる牧夫は、半年か一年ごとに交替していくわけである。このため、牧夫の側の細かい放牧のための信号は、羊群には理解されえない。地中海のイタリアやギリシアの牧民がおこなうような、牧夫の音声信号を理解する先導ヒツジを育てることは、西南アジアの遊牧環境では、ほとんど可能性がないのである。地中海の先導ヒツジは、牧夫が生まれてすぐから授乳し、一緒に生活しながら訓練することによって、ようやくその牧夫の指示を聞いて、群を先導する役目を果たすことができるようになる。

イギリスにおける牧羊犬の訓育と同じで、長い畜群と牧夫の密接な関係があってはじめて効力を発揮する放牧の技法であるといえるだろう。牧羊犬であっても、家畜群をまとめる彼らの仕事を、人間が考えているようには理解していない可能性がある。放牧について行ってすこし群からおくれると、イヌはその人に向かって吠えて群のほうへ戻そうと努力するらしい。牧羊犬にとっては、牧夫以外は、群にまとめなくてはならないものと認知されているのであろう。人間と異種動物の間のコミュニケーションの研究は、これからまだ幾多の興味深いテーマを解き明かしてくれることだろう。

図22　雪のなかの放牧をするシュプンとチョカル

西南アジアの遊牧世界の放牧は、それを具体的におこなう人たちが半年や一年の契約制で担当しているため、ヨーロッパ世界の放牧の技法のように洗練されることがなかったといえる。あるいは、逆に、西南アジアの放牧の技法はきわめて素朴なもので、そこに人間と家畜の間の関係のもっとも単純な原型がみられるということかもしれない。しかし、おそらく西南アジアの遊牧民は、独自の家畜や動物とのつきあいの原則をもっていて、そうした文化は長い歴史をもっているとみるほうがよいように考えられる。これについては、「遊牧という文化」の章の「柔軟な社会構造」の節で論じることにしたい。

さらに、西南アジア遊牧民においては、とくにパシュトゥーンのように、交易への傾斜の強い場合には、羊群のメンバーシップは頻繁に変化する。売られたり、新しく購入して加えたりするため、群の成員は、成獣のメスばかりからなっていても、その間に母―娘あるいは姉妹関係がたどれるというようなものではない。その意味では、まったく自然群とはほど遠いのである。

夏の牧野での夜間放牧をみてもわかるように、羊群はきまった寝場所をもたない。特定の家畜囲いや畜舎はない。あとにみるように、積雪をみるときには、塀の蔭の凹地などに群をおくことがあり、その場所は群ごとに一定しているが、せいぜいその程度である。このため、一定の場所を羊群が記憶していて、そこへ帰ってくるというような習性をもたない。家畜囲いを朝開けると、牧夫が何も言わなくとも、そこからヒツジは出ていって牧野に行き、夕方になるとまた自分の囲いへと帰ってくるというようなことは、パシュトゥーンのヒツジにはできない。

また、群として、ひとつの家畜囲いに同じメンバーで暮しているために、同じにおいを共有するということもない。このため、東アフリカの定着的なキャンプの羊群のように、別の二群が混っても、やがてまたもとの二群に分かれていくというようなことも、パシュトゥーンなどの羊群においてはありえないのである。家畜は、その飼われかたによって、人間の牧畜文化がある程度反映した、家畜文化というようなものを発達させているとみられる。

放牧の道具

パシュトゥーンの牧夫たちが放牧に用いる道具は、ごく普通のものである。まず、二メートルほどの杖。それは、ヒツジをたたいたりついたりするほか、牧夫が深い溝を跳び越えたりするときにも用いられる。しかし、この杖のなによりも不可欠な用法は、隣近所のテント集落のイヌに襲われたときに、それを撃退することである。多くのイヌは獰猛(どうもう)で、走っている車に吠えながら追いつき、体当たりするくらいである。多くの牧夫の足には、イヌに噛まれた傷跡がある。

この杖に、頭のターバンを載せて高く掲げることは、羊群には強い刺激となる。群の動きを急に止める必要があるときに用いられる。

投石器も用いられる。石や硬い泥の塊を群からはずれていくヒツジの鼻先に投げて、群のほうへ戻すのに用いられる。かなりの遠距離へ、かなりの命中率をもって、投げることができる。傾斜した牧野で、喫食中にヒツジが谷を越えて反対側の斜面を登っていくのを発見したときなど、きわめて有効な道具である。

杖や投石器以外、牧夫だけが用いる道具はない。パシュトゥーン遊牧民の家畜群所有者も、雇われた牧夫も、質を別にすれば、同じような袖の長いチャパンという外套をはおっている。彼らが袖に手を通すのは、冬季だけである。このチャパンが、夏の牧野の野外での寝泊りに重要なことはすでに述べた。

このチャパンについて重要なことは、これを着て両腕を横に広げると、牧夫の体が幅三倍くらいに見えることである。当然、こうすることによって牧夫は羊群に強い視覚的な刺激を与えることができ、急に群の動きを止めることが可能になる。

群をつくる

牧野の草の状態のよいところに羊群を連れて行って、ヒツジたちに喫食させるに任せておくと、自然に群はばらばらになって広い範囲に散開していく。しかし、ここでもヒツジの行動特性のために、無限に広がってしまうわけではない。ヒツジたちは、喫食しながら、仲間の何頭かが自分たちの視野のなかにいることを確認している。自分だけが群からはぐれてしまうことを始終警戒しているのである。このため、牧夫がとくに介入しなくても、たとえ喫食中であっても、羊群はまったく無際限に広く散開してしまうことはないのである。

ただ、牧夫は、あまりひとつの場所で長時間草を食べさせない。あまり徹底的にヒツジが草を食べてしまうと、牧草の回復が遅くなって、順番に牧野を利用していくことができなくなるからである。これはヤギを羊群に加える理由にもあげられる。このため、喫食中でもヒツジを集めて、また別の牧野へと連れて行く。

熟練した牧夫の作業を観察していると、牧野に散開しているヒツジをまとめるのも、それほどたいした労働ではないようにみえる。牧夫は一番多くのヒツジがまとまっているところへ向けてそのほうに周囲のヒツジが集まるように、散開しているヒツジのなかへ螺旋(らせん)を描きながら入っていく。こうして核として、牧夫がまとめたヒツジたちの集団に、外側からつぎつぎヒツジたちが「自主的」に加入してきて、やがてもとのコンパクトな羊群ができあがるのである。

秋と冬の暮らし

冬村への移動

　七月に夏の牧地へやって来たパシュトゥーン遊牧民たちは、八月になると早くも冬の村へ帰る準備を始める。日中は十分に暖かく、夜もそう冷えるとは思われないのに、八月の初めから冬の村へ帰るテント集落がみられるようになる。八月も末になると、とくに彼らが荷物運搬用に飼っているラクダ（ヒトコブラクダ）が高地の冷気に弱く、風邪に似た症状をおこしやすいということはあるらしい。しかし、これが彼らがこのように早く夏営地をひき払う主要な要因とは思われない。

　夏の牧地は、遊牧民のひとつひとつのテント集落、実際には父系の拡大家族あるいはひとつの核家族がその専用権をもっていて、はっきりとした境界が存在するらしいこと、その一方で、冬の村の周辺の牧野は、そのあたり一帯に冬村を構える牧民たち全体の共同利用地となっていることもすでに述べた。パシュトゥーン遊牧民たちから聞く、早く冬村へ帰る理由の第一は、この牧地の利用形態の差にあると思われた。

あとでふれることになるが、トルキスタン平原の南縁に位置するパシュトゥーン遊牧民の冬の村は、冬季雪に閉ざされる。ヒツジは、二、三センチの積雪であれば、群でいるかぎり雪の下の枯れ草を食べることができる。仲間が踏んで雪のなくなったところから枯れ草を捜すのである。しかし、雪が深くなると、自分で鼻先を雪のなかに入れて草を探すことは長い時間できず、枯れ草を牧夫が与えてやらなくてはならなくなる。成獣のメスヒツジはこの時期妊娠しており、栄養管理はきわめて重要である。

越冬のために、羊群が一冬の間食べるのに十分な牧草を集めておかなくてはならない。しかも、冬村の近くの牧野はすべて共同利用に開かれている。早く帰って、もっとも草を集めやすいところで能率よく牧草を集めなくてはならない。冬村に着くのが遅くなると、それだけ枯れ草集めは困難になる。どうもこれが、パシュトゥーン遊牧民が八月にもうシワ高原を去っていく理由の第一のものであるらしい。

シワ高原のパシュトゥーン遊牧民は、テント集落ごとに移動開始の日を決める。しかし、コタル・バムからの下り道は一本道で険しく、多数のラクダのキャラバンが一挙に動くことはできない。このため、キャンプ集落はいったんコタル・バムの近くに移動し、そこから出て行く日を打ち合わせる。テント集落の長が、こうした打ち合わせをおこなう。

移動の装束

移動は、テント集落ごとにラクダを鎖でつないで、先頭のラクダをそのテント集落の長が引くことが多い。女たちはラクダに乗る。男たちはウマに乗り、場合によってはロバにも乗る。パシュトゥーン遊牧民のヤギの毛織りのテントは一枚になっており、重いため、成獣のラクダしか運ぶことができない。パシュトゥーン遊牧民がラクダを飼っているのは、まさにこのためだけだといってよい。

女たちは美しく着飾り、ラクダも美しく飾られる。荷物をくくるロープやベルトは、羊毛で美しく織られ、端には白いタカラガイの房がつけられており、見事なものである。ロープやベルトの色や模様は、民族集団に固有で、ウズベクのものは渋いものが多いが、パシュトゥーンのものはいくらか派手めである。とはいっても基調は濃い茶色で、美しい。

女性やラクダや荷物を美しく飾るのは、美的な意識からであるのは当然だろう。自らの財産である家族の女性成員や家財を美しく高価に見えるようにしているとも解釈できる。アフガニスタンでは、財としての三つのZということがよく言われる。女性、金、土地の

図23　秋の移動を始めたパシュトゥーン遊牧民

図24　華美に塗装されたトラックとその運転手助手

三つの言葉が、すべてZで始まるからである。そして紛争は、もっぱらこの三つをめぐって発生する。

しかし、女性やラクダや家財を美しく飾るパシュトゥーンたちの営みは、別の面からも説明できそうである。それは、邪眼について広く人びとに分かちもたれている、一種の民間信仰にかかわるものである。これは、なんらかの欲望、羨望をもって見られると、その当のものが病気になったり、物であれば故障したり壊れたりすることがあるという、一種の妖術についての信念である。見ている人間は、自分の視線にそんな邪悪な効果があるとは知らないのが普通で、こうした邪眼はどこから来るかわからないとされる。唯一これをはね返すためには、キラキラ光るもので反射してしまうよりほかないというのである。

女たちの美しい服装、頭から首、腕から指先までの銀を中心とする重いまでの多くの装身具は、その光によって邪眼をはね返そうというのであろう。男たちは、自分たちの銃器を美しく刺繡された布の袋に入れて肩からかける。小さい子供たちはとくに美しく飾られる。これはパシュトゥーン遊牧民だけの信仰ではなく、西南アジアよりも、より広く分布している。西南アジアで広く見られるトラックの美しい装飾も、ラジオの飾りカバーも、この信仰の実践のひとつと考えられないこともない。多くの人たちは、邪眼への対応をほとんど日常的におこなって、とくに意識することもないようである。

コタル・バムを同じ日に出発した集団は、その成員をつぎつぎと変えていく。そのなかのテント集落ごとに、途中のバザールなどで滞在する日数がそれぞれに異なるからである。しかし、テント集落としてのまとまりは、ずっと維持される。

遊牧民と定着民

コタル・バムを出てからは、移動は、午前中早い時間にのみおこなわれる。早朝五時ごろには出発して、大きな村や町を人通りもまばらなうちに通過し、その日の午前一〇時ごろにはつぎの宿営地に着くようにする。騎乗した男たちが、女たちの乗るラクダを守るように隊列をつくって、静かに通過する。ラクダの鈴のポコンコトンという音だけがリズミカルに響く。村や町の人たちもとくに注目することはない。しかし、定着村の人たちにとっては、遊牧民の移動はひとつの季節の節目として彼らのカレンダーに深く刻み込まれている。遊牧民がやって来るころ、川の水は減って、魚が獲れるようになる……。

定着民にとっては、遊牧民の女は自分たちの女性成員よりもはるかに美しく、激しい労働に耐えてよく働くとイメージされている。定着民はやはりきまった季節ごとに自分たちの村を通り過ぎる遊牧民に、ある種ロマンチックなイメージを与えているようである。遊牧民のヒツジもあんなに大きいし太っていると、農民たちは自分たちの家畜を見て嘆息する。

しかし、定着民と遊牧民の関係は、通常想像されるよりもむしろ対立的である。遊牧民が農作物の刈りあとで家畜の放牧をおこない、農民は家畜の糞が肥料になるので喜ぶ、という図式はそれほど一般的ではない。金銭の貸借や、継続的な交易関係のある特定の遊牧民のキャンプと特定の農民や小地主の間には、確かに、そうした友好関係が認められる。こんなときには、定着民とパシュトゥーン遊牧民とで民族集団が異なっていて、たとえば農民はタージク人でパシュトゥー語が話せなくても、互いにペルシア語の方言のダリー語で会話し、互いを兄弟（ブラデール）と呼び合う。

このような特別な友好関係がないときには、遊牧民と彼らが通過するところの定着民の間には、とくに問題がなければ互いに無関心を装う。問題は、羊群が定着民の畑の作物に食害を加えたときなどに発生する。夏の牧地でおこなわれている夜間放牧は、これを避けるためにおこなわれるという証言もある。羊群を夜間動かしていると、たとえ畑の横を通っても羊群は気づかないから、作物に害を与える可能性が少なくなるというわけである。秋の冬村への移動のときには、確かに羊群は夏の牧野での夜間放牧の生活サイクルのままなので、移動は夜間におこなわれている。

テント集落単位でのラクダによる移動は、ファイザバードとクンドゥーズを結ぶ幹線の自動車道路に沿っておこなわれる。村や町を通り、バザールのはずれに宿泊し、道路から少しはずれた河原などにパシュトゥーン遊牧民の黒いテントが見られる。しかし、彼らの羊群の移動は、おもに夜間、むしろ道路を避けて畑や原野の間をぬっておこなわれる。ひとつの羊群には、もちろん夏の夜間放牧をともにしたシュプンとチョカルがついている。場合によっては、群所有者の家族の若者も、羊群に同行していく。

ラクダによるテント集落のキャラバンは、一日に平均して二〇粁くらいを動くだけで、ごくゆっくりと冬村に近づいていく。途中いろいろな交易などのための宿泊も含めて、約一ヵ月半を費やすという。羊群は、場合によっては、これよりも早く冬の村へ帰着することもあるし、途中に、より条件のよい牧野が利用できるときには、暑い冬村近くの牧野に戻る前に、そうしたところでしばらく放牧され、かなり遅れて冬村に帰着することもある。

強烈な存在アピール

パシュトゥーン遊牧民の移動については、彼らのダンディズムにふれないわけにはいかない。女やラクダや家財を美しく飾ることは述べた。男たちも新しい服を着て、刺繡された袋に入れた銃を肩からかけて、威儀を正し

図25　コタル・バムを出発するキャラバン

図26　美しく飾られたラクダ

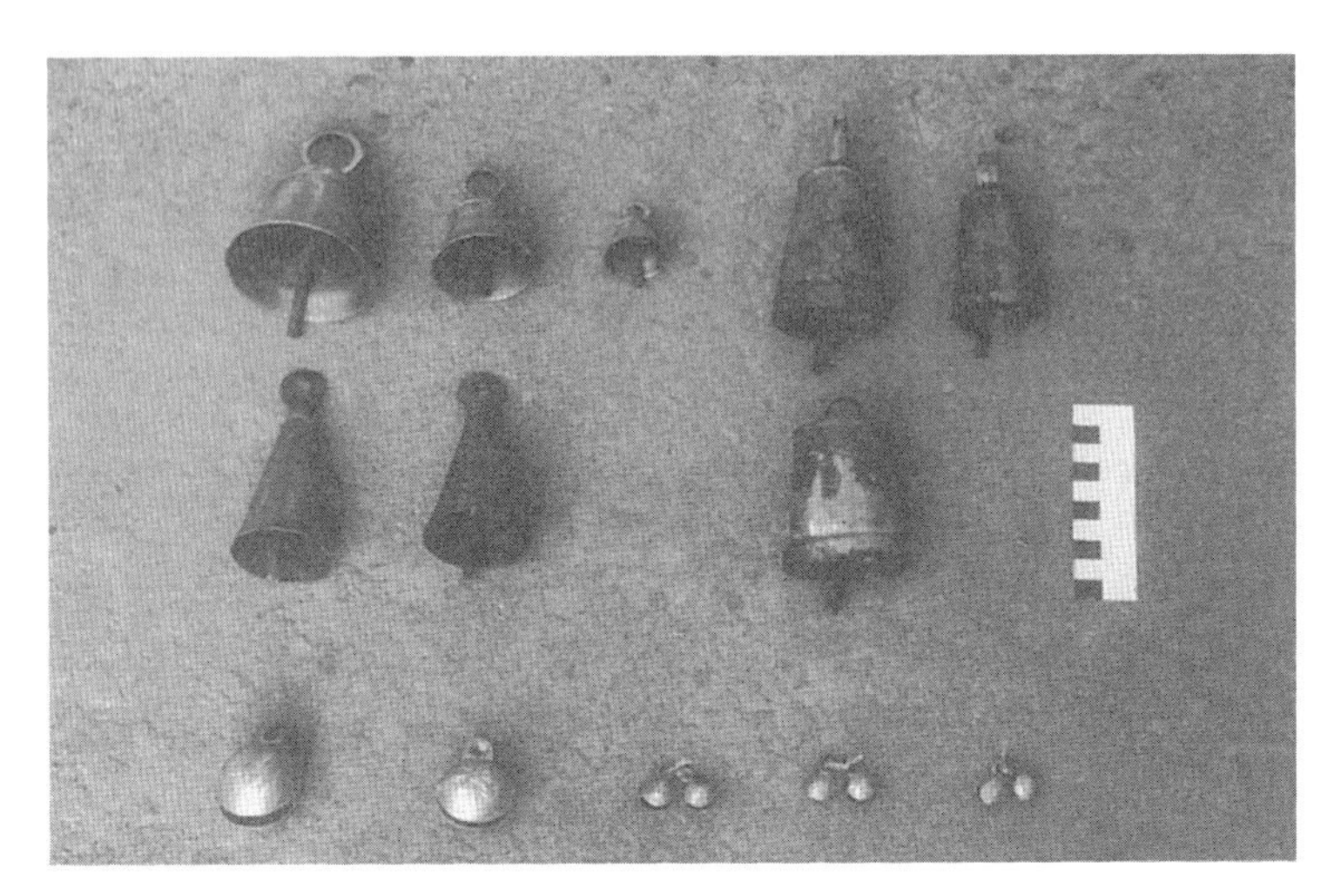

図27　ヒツジのための鈴各種

図28　冬の村へ帰り着いた牧夫たち

て、堂々と定着民の村や町を通りすぎる。彼らの服装や装身具には、彼らの好みが色濃くあらわれている。

人間とラクダだけではない。彼らの家畜も、パシュトゥーンの美意識の表明のひとつの場である。夏の牧野で毛刈りするときに、ヒツジの背中に一部毛を刈り残して、ブーコンという模様をつくることをさきに紹介した。これは、羊毛を徹底的に刈りとらないからこそ可能になるわけだが、やはりそれもパシュトゥーン遊牧民が美しいと考えておこなっているのである。

ほかに、ヒツジに対しては、背中に色をつける。とくに、淡色のヒツジの群では効果的なのだが、フェルトの絨毯（じゅうたん）つくりで残っている化学染料を用いて、一群同じパターンの色をつける。これも、ほかの群と弁別するという機能よりも、美的効果を考えておこなわれるという。首にベルトや鈴をつけるが、それすら遊牧民が気に入ったヒツジの個体を美しく飾るためだというのである。これが、いくらかではあれ、夜間放牧のおりに群の広がりを把握するのに役立つらしいことについては、すでにふれた。

パシュトゥーン遊牧民は、このように自分たち自身ばかりではなく、彼らの所有する家畜をも自分たちが美しいと考える仕方で飾る。そして、春と夏の二回の季節移動は、彼らがその美意識を、ほかの定着的な人びとに対して、誇りをもって見せる機会なのである。これは明らかに、パシュトゥーン遊牧民の側が一種の優越感をもっておこなっている行為である。しかし、この機会を一種の政治的な場ととらえることも可能である。パシュトゥーン遊牧民の年二回の季節移動は、彼らが自己の存在と富を定着民に対してアピールする、ひとつの〝ねり歩き〟、ページェントであるとみることができるのである。

権力者が、自ら街頭に出て行列をおこなって、民衆に対して自己の権力をアピールすることは、エリザベス一世に始まったといわれる。彼女はページェントの女王といってよいくらいに、見せることの政治的意味をはじめて組織的に利用した権力者であったとされる。今や、合衆国の大統領選挙をあげるまでもなく、見せる権力という装置の効果的利用は、日常のことになった。エリザベス一世以後、各種の職業の組合が、このねり歩きを自己宣伝と存在意義強調のために用いたのがその前史である。

パシュトゥーン遊牧民が、夏と冬の二つの牧野を専用する権利をもっていることを、広く途中の定着社会に示威し、その存在をアピールする政治的企図は彼らに意識されているかどうかは別にしても、そのような効果があることは確かであろう。季節移動は、家畜のためにおこなわれる生態学的な理由で強制された営みであるだけではない。そこには、パシュトゥーン遊牧民の美的な嗜好の発露や、政治的な示威や、生活場所を変えるたんなる歓びやら、いろいろな要素が不可分にからまりあっているのである。遊牧が、ひとつのまとまりをもった生活スタイルであるということは、まさにそういうことなのである。

ヒツジの繁殖

冬の村に着いた、パシュトゥーン遊牧民がすぐにおこなわなくてはならない仕事が、二つある。ひとつは、メス羊群のなかにタネオスを加えて交尾させること。いまひとつは、前述したように、越冬用の牧草を集めて蓄えることである。

八月の終わりから九月にかけて、冬村のあるトルキスタン平原はまだまだ暑い。午後には、激しい上昇気流のために、強い風が吹くことも多い。春さきの雪融け水で緑になっていた牧野は、もう見るかげもなく、熱風のなかを、カサカサと枯れ草が舞うという状態になっている。羊群は川の土手や畑の周囲、ときには道路沿いの並木、そして広く乾いた牧野を広く遊動させる。明らかに喫食させる時間は長くなる。また、夜間放牧から昼間の放牧へと、一日の放牧のサイクルを徐々に変化させる。

こんななかで、メス羊群にタネオスを加える。タネオスは、普段はメス羊群とは別に当歳のメス仔羊群と一緒に放牧したり、テント集落の近くにつながれていたりする。しかし、

図29　収穫後の綿畑で放牧される羊群

この季節になると、メス羊群のなかに加えて自由に交尾させ、メスを妊娠させる。タネオスは、メスヒツジ一〇〇頭に対して一頭いれば十分だとパシュトゥーン遊牧民は言う。これは、すべてのパシュトゥーンの言う比率である。しかし、現実には、メス三〇頭にタネオス一頭くらいの比率がみられる。この証言には、男性の性的能力や攻撃性を高く評価するパシュトゥーン人の文化が反映されているのだろうか。

ヒツジの交尾は、きわめて短時間のうちにおこなわれる。牧夫があらぬ方角を見ていれば、その間に終わってしまう。数頭のタネオスは、おおよそ三〇〇頭の群で三週間程度メス群のなかに加えておく。これで十分であるとされているが、牧夫は、確かに、タネオスがメスすべてと交尾しているかどうかを確認するために、タネオスの腹にフェルト絨毯つくりの化学染料を色濃くつけておくこともある。タネオスが交尾したメスヒツジの背中には、その色が残されるので、交尾を確認できるからである。

興味深いのは、牧夫とタネオスの間に親密な関係があることで、タネオスのなかには牧夫の呼び声に応えて近づいてくるものもいる。また、牧夫もタネオスの鼻先でメスヒツジの垂れている尻尾をもち上げて交尾をうながすようなこともおこなう。交尾後の妊娠率は、メスヒツジの栄養状態によって異なるといわれるが、通常、これくらいの期間タネオスを加えておくと、八〇㌫のメスは妊娠する。

タネオスは、別の所有者のメス羊群のところへ貸し出されていくこともある。そこでも三週間くらいで、集中して交尾させる。これは、つぎの年の春のメス羊群の出産期を比較的短い期間に終わらせるためである。あまり長い間タネオスをメス羊群に入れておくと、移動の時期になっても仔ヒツジが生まれることがある。実際、そういう例もあって、仔ヒツジは、ラクダの背にのせて夏の牧野まで運ばなくてはならないことになる。仲買人たちにカラクル羊皮を売るときにも、出産が集中して、一時期にその数量をそろえることができるほうが、遊牧民側でも好都合であることが理解できる。

枯れ草の確保

交尾期間が終わってしばらくすると、肌寒くなっていく。いよいよ冬の到来が感じられる。このころ、遊牧民たちの冬村の泥壁の家屋の平らな屋根には、いつの間にか、大きな枯れ草の山が築かれているのに気づく。これは、実は、牧夫たちがメス羊群のタネツケをおこなっているうちに、群所有者が人を雇って、原野から集めさせたものなのである。

冬村へ帰着したパシュトゥーン遊牧民の群所有者たちは、タネツケについては牧夫たちに任せて、もっぱら、共同利用の牧地における枯れ草集めにかかわる。まだ日中の気温が高いためこの仕事は大変で、とくにこのために人を雇わなくてはならない。雇われた人たちは、鉄の熊手のような道具を使い、まったく人力で枯れ草を集めていく。二〇メートルほどの間隔で、その周辺の枯れ草を山に集めていくのである。

やがて、ラクダを連れた男がやって来て、この枯れ草の山を順次ラクダの背につけた大きな袋に入れていく。そして、ラクダ一頭の鞍(くら)の両側の大きな袋が一杯になると、冬村へ搬入するのである。ただただ、これを暑い暑い日中にくり返す。冬村では、泥壁で囲ったところや、屋根の上といった、家畜が勝手に食べてしまわないところへ、この枯れ草の山をつくっていく。雪が積もって、羊群が自力で地面の草を食べることができなくなったときに、これを与えるわけである。

この枯れ草集めは、冬に入っても営々とおこなわれていることもあれば、早々に切り上げられることもある。まったく群所有者の判断に任されている。群所有者によっては、クンドゥーズにある綿糸加工工場から出るコットン・ケーキを購入するものもいる。これは、綿花から綿繊維をとった残りの部分で、牧草の代用となる。実際、冬が近づいてくると、羊群は収穫のすんだ綿畑で放牧され、その茎葉を食べさせられる。クンドゥーズ一帯には、新しく拓かれた灌漑畑で、広く綿が栽培されているのである。綿糸会社の大きな工場やホ

図30　枯れ草を運ぶラクダ

テルがあって、クンドゥーズの基幹産業であることがわかる。

ただ、この冬までの枯れ草集めは、単純に量を集めればよいというだけの問題ではない。たくさんの枯れ草を集めるためには多くの人を労賃を支払って雇用しなければならない。いったい、どれほどの枯れ草を備蓄すればよいかをよく考えなくてはならない。あまりにたくさんの草を集めても、冬が終われば それは無駄になってしまう。けれども、逆に草が不足すると、冬の終わりに羊群は食べるものがなくなる。そうなると、妊娠しているメス羊群は耐久力がなく、寒さと飢えのためにつぎつぎ倒れてしまう。これは群所有者に大打撃となる。ときには、遊牧生活を持続できないほどの損失をこうむることにもなる。

冬の予想

現在の自然科学を動員しても、冬の寒さや長さについては、なかなか正確には予知されない。パシュトゥーン遊牧民も、いろいろな経験から冬の予想を立てようとする。何年かごとに厳しい冬が来るというような伝承はないようだが、パシュトゥーン遊牧民の男たちは、越冬の準備にどれほどの費用を使うか、真剣に悩む。パシュトゥーン遊牧民の側で操作できる要素がもうひとつある。それは、保有する羊群の頭数である。

羊群の頭数が多いほど、越冬用の枯れ草をたくさん用意しなければならないのは当然である。一方で、羊群のサイズを小さくするなら、枯れ草の量も少なくてすむ。おまけに、家畜バザールでヒツジを売るわけだから、草集めの労賃もそこから供出できる。パシュトゥーン遊牧民の側では、羊群の群サイズを調節するという操作が可能になっている。

パシュトゥーン遊牧民の群所有者は、必要な枯れ草の備蓄量を判断しなくてはならない。場合によっては、羊群のいくらかを売って、その現金収入をこの草集めの人のための賃金に用いなくてはならない。冬が厳しいと思ったら羊群をより小さいサイズにしておいて、十分な枯れ草を集めておかなくてはならない。必要以上に群のサイズを小さくしてしまうと、翌年のカラクル羊皮が少なく、収入が減ってしまう。しかし、あまりに大胆に大きなメス羊群を保持しながら、十分な枯れ草の備蓄をもたないと、牧草不足でメス羊群に大きな損耗を出すことを覚悟しなくてはならない。枯れ草の不足が明らかになってからでは、飼料の調達は不可能であり、そのときになって、群サイズを小さくしようとして家畜市場にヒツジを出しても、値くずれしていて、損失を防ぐことができないからである。

そして、こうした枯れ草の不足は、じつは、もうほとんど春になってから遊牧民を襲うのである。雪が融けて、地面が見えるようになって、もう春が近いと思われたころ、急に寒さがやって来る。地面はカチカチに凍って、まったく地表の枯れ草をヒツジたちは食べ

図31　雪のなかの放牧

図32　雪のなかの放牧に立ち会う少年牧夫

られなくなる。しかも、秋に集めておいた枯れ草は、すでにもう消費してしまっている。越冬して体力の落ちているヒツジたち、とくに妊娠しているメスヒツジには、この春先の凍害はきわめて危険である。ときには羊群が全滅して、遊牧民がもはや遊牧民としてはやっていけなくなり、賃労働者や雇われ牧夫として、都市周辺やほかの地方へと移動することになる。歴史的に、アフガニスタンでも、何度もこうした事態が記録されている。もっとも最近で、かなり大規模なものは、西南アフガニスタンで、一九八〇〜八一年の冬にあった。

越冬の戦略

パシュトゥーン遊牧民の群所有者の男たちにとっては、越冬のための戦略は重大な関心事である。確かに、彼らは、牧夫や賃労働者を雇い、厳しい肉体労働からは解放されている。しかし、牧畜経営のもっとも重大な決定事項は、すべて彼らの双肩にかかっているのである。それればかりではない。女性成員を守り、婚姻をとり決め、近隣の居住集団や出自集団内での自分の地位を築いていかなくてはならない。ときには、激しい戦いや、殺人を含む暴力を行使せざるをえないこともある。家族の名誉や、牧野や家畜に対する所有権が侵されたときには、男性たちはその存在そのものを問われるのである。

冬村での生活は、パシュトゥーンの男性については、けっして住みよい環境とはいえない。パシュトゥーン人は、とくに男は一人一人皆頭目（ハーン）といわれるほどに独立自恃（じじ）の傾向が強く、攻撃性はむしろ評価される。限られた資源をめぐって競争し、ときには協力もしつつ、家畜群の安全をはかりながら、厳しい冬をやり過ごすことは、男たちに非常に強いストレスの下での生活を強いることになる。

一二月になると、本格的な冬が到来する。バザールの店頭では、スイカやハルブーザ（馬頭瓜）が雪をかぶっている珍しい光景が見られることになる。クンドゥーズ近郊の天水農耕の畑で収穫されるウリ類は、甘いので有名である。しかし、牧野での羊群の放牧は、日に日に厳しさを加えていく。

羊群の放牧の一日のサイクルは、まったく日中を中心とするものにかわっている。雪の少ないところを放牧し、なるべく羊群に自力で草を食べるようにさせる。街路樹に牧夫が登って、常緑の木の枝や葉を羊群に与えるような場合もある。しかし、雪が厚く地表を覆うと、集めておいた枯れ草の山の下へ羊群を誘導し、牧草を投げ与えなくてはならなくなる。羊群の夜の寝場所も、こわれかけた土の塀で一方を囲まれた凹地のように、風当たりを考えて選ばれるようになる。

雪の朝、一面の積雪のなかで、ヒツジたちはやはり集まってじっとしている。牧夫がやって来て声をかけると、大きな雪のかたまりのあちこちにひびが入り、一頭一頭のヒツジが動き始める。身ぶるいして背中の雪をふるい落とし、ようやく動き始める。まだ冬は始まったばかりである。しかし、遅くとも、この雪原が緑したたる牧野となり、花でいっぱいになる春は、必ずやって来る。そして、仔ヒツジが生まれ、豊かな乳に恵まれる春は、夏の牧野への移動のプレリュードなのだ。

多様な生業をつむぐ

バルーチュ遊牧民

マクラーンの生活風景

砂漠とオアシス

バルーチスターンの海岸近くに広がるマクラーン地方は、雨に恵まれない岩と礫（れき）の砂漠地帯である。幅数粁にも及ぶ広大な河谷が東西に走り、つむじ風が砂埃（すなぼこり）を巻き上げているのを、何本も見ることができる。そして、その広い河谷は、何年かに一回しか濁流を通すことはなく、カラカラに干上がっている。かろうじて、草丈の高いイネ科植物が茂っていることから、涸（か）れ川とその氾濫原とわかるのである。

そんな河谷に沿って、点々と緑のナツメヤシの茂るオアシスが続いている。よく気をつけると、十数米（メートル）から二、三〇米（メートル）おきに、まわりに土砂を積み上げた井戸が続いている。こ

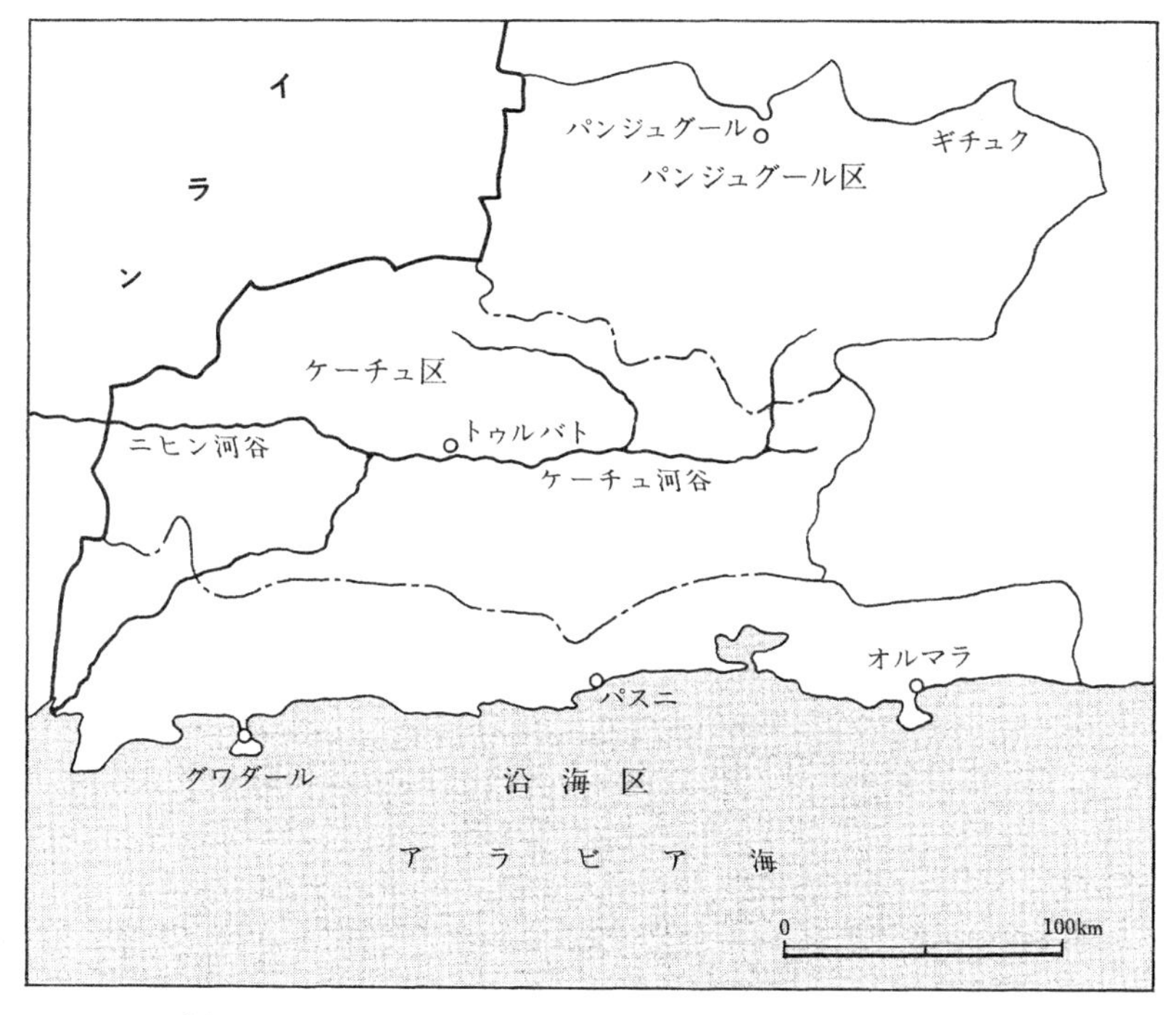

図33　パキスタン・バルーチスターン州マクラーン地方

のたての井戸の底はほぼ水平に繋がっていて、そこを地下水が流れている。ここでカハンと呼ばれる地下水路である。ナツメヤシ・オアシスの命脈である水は、こうしてはるか離れた水源から供給されている。そして、それらのオアシスの点列の彼方には、茫々と岩礫の砂漠が広がっているのである。

ほとんど、生命の気配さえ感じられないこの砂漠は、しかし、わずかな降雨を頼りに、天水農耕をおこなったり、貧しい植生を広く移動しながら山羊群のために利用する遊牧をする人たちの、かけがえのない生活圏なのである。大きな河谷のなかを、オアシスの点列に沿って走る自動車道路から少しはずれると、礫の海、奇怪なかたちの岩峰、かろうじて砂に埋もれるのを免れているタマリスクのくねくね曲がった幹の群像といった、まるで人為とは無縁であったかにみえる、太古の創世記の世界がまっている。砂漠のバルーチュ人たちは、半ばあきらめつつ、しかし十分に皮肉っぽく、つぎのように語る。「昔、アッラーがこの世界を創られたとき、終わって残った屑を捨てられたのが、このマクラーンなのだ」。

太古から変わらぬようにみえるこのマクラーン地方も、現代世界の激動と無縁に存在しうるわけではなかった。一八世紀のイギリス植民地軍との出遭いから、今日にいたるまで、世界でももっとも激しい変化をこうむってきた地域のひとつといってよいかもしれないのである。

バルーチュ人とイギリス植民地軍

バルーチュと呼ばれる人たちは、パキスタンの西南のバルーチスターン州から、イランにかけて分布していて、人口は一〇〇〇万人を超えるという大民族集団である。ほかに、アラビア海の彼方、オマーンを中心とする湾岸地方にも、また、中央アジアにも一部は分布している。オマーンには、七世代以上前からバルーチュが渡り住んでおり、彼らはバルーチー語を失い、アラビア語を話し、自ら名前のあとにアル・バルーシュという出自をつけて、バルーチュ人であることを示す。

バルーチュ人の歴史は、アフガニスタンのパシュトゥーン人の歴史よりも、より複雑である。パシュトゥーン人が、イギリス植民地軍に徹底抗戦して悩ましたとすれば、バルーチュ人はむしろおとなしく、その統治を受容したといってよい。ただ、これからのバルーチュ遊牧民の活動の舞台となるマクラーン地方ではたびたび反乱があって、そのたびに、イギリス植民地軍は遠征をおこなわなくてはならなかった。

イギリス植民地軍は、アフガニスタンに侵攻して反撃され撤退を余儀なくされてからあと、アフガニスタンの直接支配をしばらくあきらめ、バルーチスターンのパシュトゥーン人の小村を軍事拠点として、事あれば、そこから出撃することにした。ロシアの南下は、イギリスのインド支配の権益を危うくすると考えられていたのである。このパシュトゥーンの小村が、今日のバルーチスターン州の州都クエッタとなる。イギリス植民地軍は、アフガニスタン沿いのバルーチスターンを直接支配する一方、それ以外のアラビア海までの広大なバルーチスターンのほとんどを、カラートという名の城砦都市（カラートというのは、このあたりの言葉で城砦をさす）に拠点をもつブラーフーイー人の藩王（ハーン）に直接統治させた。

当時、もう何の政治力もなかったブラーフーイーのハーンに、バルーチスターンの大部分の領主としての権利を認め、その一方で、このハーンをとおしてバルーチスターンを思うようにしようとした。不凍港をめざすロシアの南下を阻止するために、アフガニスタンを軍事的に牽制しなくてはならない。この焦眉の課題のために、バルーチスターンを通る兵員と軍事物資の供給路を安全に確保することが、最低限必要であったのである。名目は、この地方に、秩序と平和をもたらすことであった。ブラーフーイーのハーンの命令に背くもの、略奪をおこなうもの、とくに、イギリス植民地軍に対して服従しないものに対しては、大人数の遠征軍が派遣された。将校はイギリス人であったが、兵士のほとんどは、インドのすでに植民地化の完成したところから連れてこられた人たちであった。たくさんの戦いの記録が分厚い資料となって残っている。その当時、イギリスのために働いたスパイの人たちの報告も数多く、そのころのバルーチスターンの様子をうかがい知ることができる。

オアシスの城砦

当時、バルーチスターンのアラビア海沿いのマクラーン地方は、ナツメヤシのオアシスが点在し、そこに城砦を構える領主たちは、あたり一帯を領土とし、皆独立した政治単位として行動していた。オアシスの農民たちはもちろん、その周辺の砂漠のなかで生活している人たちも、オアシスの領主に政治的に従っていた。砂漠には、天水農耕をおこなうものと遊牧民がいたはずである。彼らは、ほかのオアシスの領民から保護してもらうかわりに、自分たちの収穫した作物やヤギの群から、毎年その何分の一かを納めていたようである。領主の家族の結婚式というと、余分のものを納めなくてはならなかったし、戦いがおこると成人男子の何人かは兵士として参戦しなければならなかった。

図34　典型的なマクラーンの城砦

オアシスのなかには、比較的仲がよくて結婚の縁組で結ばれ、政治的に同盟しているものもあったし、何世代にもわたってまったく反目しあっているものもあった。後者のような場合、一方がブラーフーイーのハーンの側につけば（これは、イギリス植民地の側につくことを意味する）、反目しているオアシスはこれに反抗することになるのは、当然のなりゆきであった。イギリス植民地軍は武力を用いたり、名誉ある同盟を求めたり、あらゆる方策を用いて、反抗的なオアシスを従わせようと試みた。そのなかには、ロバート・サンデマンのように、広くバルーチュ人に尊敬された、まったくバルーチュ人の文化に通暁した将軍もあらわれた。しかし、とうとう、完全にバルーチスターン全域を把握することはできなかった。

逆に、パキスタンに併入されてからも、マクラーンにはこの植民地時代の図式が残り、今日にいたるまで、親政府側の権力者もいれば、きわめて政府に対して反抗的な権力者もいる。前者は、バルーチスターンの地方政府がおこなうべき本来の行政をほとんど代替して体現している。そして、後者の人びとは、土地問題やこれまでの血讐（けつしゅう）の関係から地方政府の末端の行政に抵抗する。これらの権力者のほとんどは、オアシスに城砦を構えていた人たちの直接の子孫であるギチュキーという集団に属したり、リンドといったバルーチュのなかの有力な部族の出身者である。

オアシスの有力者

今日では、植民地時代のようなオアシスの有力者への直接の政治的従属はなくなった。しかし、大土地所有者は今も巨大な富を保有し、強い政治力をもっている。彼らのもとで家事労働に従う人たちや、彼らの土地の小作人たちは、完全に彼らの支配のもとにある。大土地所有者が通りかかると、これらの人たちのうち年老いたものは、手の甲やときにはその足の甲にまで接吻しようと近づいてくる。一見反抗的な若者でさえ、さっと直立して姿勢を正す。

砂漠で暮らしている人たちは、もう、オアシスの大土地所有者に従属する必要がなくなった。いわば、税のようにして作物や家畜の一部を供出することもなければ、戦争もない。けれども、オアシスの有力者たちとまったく没交渉にやっていけるようになったかというと、そういうわけではない。複雑な今日的な状況が伏在しているのである。

砂漠で暮らして、天水農耕やヤギ遊牧に従事している人たちにとって、急病や事故に対処することは、きわめて困難である。医療機関まで、百何十㌔と離れたところが彼らの生活圏だからである。その地方の有力者の四輪駆動車が、彼らの命綱となる。貧しくて文盲の砂漠の人たちは、身分証明書のつくりかたも、町のバザールでの商人とのトラブルの解

図35　ナツメヤシ・オアシスの内部

図36　地下水路の補修作業

決の仕方も知らない。こうしたことで彼らが頼れるのは、やはりその地方の有力者しかいない。このような条件のために、砂漠で暮らす人たちは、それまでと同じように一見封建的ともみえるような、その地方の有力者への服従を続けざるをえないのである。

バルーチュ人の出稼ぎ

一九八〇年代までは、湾岸諸国に出稼ぎに行くバルーチュ人が多かった。イスラームを奉じ、古い歴史的関係があるため、湾岸諸国の支配層はバルーチュ人、それもマクラーンのバルーチュ人を雇いたがったためである。こんなとき、複雑な渡航のための手続きは、砂漠のバルーチュ人にはほとんどできない。バルーチスターン州政府の出先機関との折衝、パスポートの取得、特殊なヴィザのための交渉、そして渡航。これらは、すでに湾岸に出かけているものと関係のある、これら有力者と地方政府の役人の連携があって、はじめて可能になることであった。

地方の有力者の子弟たちは、湾岸へ軍人や警官として出向いた。給料、家族のための手当て、休暇での帰郷等、彼らは好条件で遇された。パキスタン軍は、南アジアのなかで実戦体験をもつことから、その出身者は湾岸では軍の創設期から、イギリス人の指導のもと、士官、下士官として多くが採用された。そのなかでも、バルーチュ人は、とくに厚遇された。

一九八〇年代になって、一般的な未熟練労働者が必要になったとき、それらすでに湾岸で専門職をえて長い間働いていた人たちが、その採用のために動いたのは当然であった。かえって、この人たちが湾岸で働いて稼いだ金がマクラーンへ送金されたとき、これまで機能してきた一種の封建的な身分制のようなものが、動揺したのは皮肉なことであった。貧しくて、政治的にも従属的な立場にあった人たちが出稼ぎでえた大金を手にして、自動車を買ったり、井戸を掘削して自分の農地をもったりして、つぎつぎとその従属的な立場を脱していった。

しかし、一九九〇年代の中ごろには、湾岸諸国も自国のアラブ化、すなわち、自国の経済活動をすべて自国のアラブ人の手で運営する方針を打ち出して、出稼ぎアジア人（そのほとんどは、ムスリムのインド、パキスタン人）の送還を始めた。このため、バルーチュ人の出稼ぎ経済に起因する社会変動は沈静化しつつある。

これが、大急ぎでみた、マクラーン地方の今日的な社会変化である。

砂漠の人たちの暮らしも、一方においてまったく不変の部分と、激しく流動する局面の両面をもっている。そして、それらは分かちがたいまでに密着混交しているのである。

マクラーンの都市

マクラーン地方には、大きな歴史のある都市はなく、カラートのような政治軍事都市以外に、人口が集中して商業活動の盛んなところはほとんどなかった。マクラーン地方の中心地トゥルバトは、昔は三〇戸ほどの泥壁の家があるだけのオアシスであったし、トゥルバトにつぐパンジュグールも同様、グワダールやパスニは貧しい漁港だった。パシュトゥーン遊牧民が通過するヘラート、ガンダハールといった都市とは、その規模も歴史もまったく比較にならない。クンドゥーズやマザーリシャリフといった北東アフガニスタンの都市も、バルーチスターンの町とは比較にならぬほど大きく、歴史も古い。

マクラーンでは、東西に走る広い河谷のなかに点々と続くオアシスが、過去においても、そして現在も、その生活世界の中心である。これらのオアシスは地下水路によって灌漑され、ナツメヤシで覆われている。ナツメヤシの葉蔭に、夏の間水稲が、冬の間ムギ類が栽培されるのが普通であった。最近では、町の近くでは、アルファルファのような飼料、野菜や果実が盛んにつくられている。なによりも注目しなくてはならないのは、ナツメヤシである。

ナツメヤシの恵み

ナツメヤシは、夏に高い糖度の果実をつける。砂漠の雨のないことがこのヤシの結実には条件となる。しかし、水が必要ないわけではなく、河川の近くや灌漑されている乾燥地がこのヤシには最適なのである。砂漠の作物としては、その生産性は高く、放置すると実の重さに耐えきれなくて折れる木があるくらいだという。実の重さで、果実の房が折れないように、これを葉枝などに吊るす。高い糖度のために多少は虫がつくが、かなり長期の保存がきく。冬までは、何も問題がない。しかも、イスラームの聖典『クルアーン（コーラン）』でも何度も称賛される、宗教的にも高い評価をもつ食べ物である。

オアシスに城砦を構える有力者たちの政治的な支配力は、じつは、このナツメヤシの実によってもたらされる経済的な利益によって支えられていたのである。ナツメヤシの実は、イランやインダス河の流域地方へ輸出され、大きな利益をナツメヤシ林の所有者にもたらしていた。インド洋を航海していたダウ船（貿易用帆船）の積載量は、このナツメヤシの一籠を単位として表示されていたほどに、重要な積み荷であった。

ナツメヤシ自体の商品価値が相対的に下落したのは事実であるが、今でも、マクラーンの農業におけるその重要さはかわらない。そして、文化的には、マクラーン地方のバルーチュ人たちが、自分たちのことをナーイー（ナツメヤシの果実から生まれたもの）と表現するように、圧倒的にナツメヤシが重要である。季節の移ろいは、ナツメヤシの実の生長によって表示される。たとえば、ナツメヤシの実がほんのすこし色づいたものをカラングというが、このカラングは、ナツメヤシの実がほんの少し色づく、その季節の名称としても用いる。

オアシスのなかのものは、すべてナツメヤシの葉、葉柄、幹、幹の毛、花柄などからつくられている。人間は、まるでナツメヤシの林のなかに寄生しているような暮らしぶりである。ナツメヤシの実の収穫期には、人間はもちろん、ウシまでその実で飼われる。地面に落ちた実や不良の実は、家畜に与えられる。そして、このナツメヤシの実の収穫期になると、必ずオアシスの外周に姿をあらわすものがある。砂漠の人たちである。

彼らは、ナツメヤシの収穫を手伝ったり、あるいは、ただ、オアシスの人たちの黙認によって、地面に落ちたりしている不良のナツメヤシの実をもらって、夏の暑い時期をオアシスの近くですごすのである。オアシスの人たちは、これらの寄食者たちをバルワル（果実を食べる人たち）として黙認する。これは、社会的な習慣となっている。砂漠では、最高に暑くて乾燥し、水も少なく、もっともすごしにくい時期に、天水農耕やヤギ遊牧をし

図37　ナツメヤシの果実

図38　ナツメヤシの収穫作業

ている人たちが、ナツメヤシ・オアシスに寄ってくるのである。オアシスへの依存は、今日でも現実なのである。

砂漠の農と牧

コビトヤシの利用

　マクラーン地方において、ナツメヤシ・オアシスの外の砂漠で暮らすことは相当に困難である。一九八五年から八九年にかけては、二、三年まったく降水をみない地方がかなりあった。しかし、一九九八年の早春には、大雨と大洪水があって、ケーチュというマクラーン地方中心地の大きな河谷にかかる長さ一キロ近いコンクリートの橋が分断され、流されてしまった。平均して毎年一〇〇ミリ程度の雨しか降らない。日本では、集中豪雨のときに一日に降る雨量である。

　当然、植生はきわめて乏しく、通常干上がっている涸れ川に、丈の高いイネ科の植物、コビトヤシという掌状複葉の高させいぜい三メートルほどのヤシ、タマリスク数種が目立つばか

図39　コビトヤシの群落

図40　コ ビ ト ヤ シ

図41　コビトヤシ製の大きな籠

りである。低い丈のキョウチクトウが美しい花を咲かせているが、これは家畜の餌にはならない。ほかにも、フウチョウソウ科の茎の肥大した植物もあるが、この植物も牧草にはならないため、緑として目立つのである。果実は人間が食用にできる。ほかに、この地方でカフールと呼ばれる、マメ科プロソピス属の高木が粘土質のところによくみられるが、この木の葉はヤギのよい餌になる。小枝が牧夫によって伐り落とされて、ヤギの群の餌になるため、どの木も幹が太いわりには、枝が発達せず、バオバブの木のようなかたちになっている。

コビトヤシは、きわめて有用な植物である。このヤシの葉を伐りとって集め、水につけて柔らかくしてから細くさいて、これを幅六、七センチの帯に編んでいく。つぎつぎと葉の細片を加えて、長い長い帯をつくる。この帯からいろいろなものがつくられる。大小さまざまな籠。大きいものは直径数メートル、深さ二メートルもあって、屋外の木の台に載せ、農作物の収穫したもの、とくにソルガムやトウモロコシの穂を入れておく。雨が降らないから、これで十分なのである。敷物もこの帯をつないでつくる。大きな敷物かと思うと、テントの屋根にもなる。といっても、木の簡単な枠のうえにこれをかけるのである。

この葉を細くさいて、一度石で打って柔らかくしたもので、履き物を編む。足の人差し指と中指の間に鼻緒をはさむ草履である。ナツメヤシ・オアシスの人たちがナツメヤシ林に寄生したように生きているとすれば、砂漠の人たちはコビトヤシを徹底的に利用して生活を立てている。このコビトヤシ製の敷物や籠は、彼らにとっては重要な商品で、町に行くときには、荒物屋に売っていくばくかの金にする。

じつは、このコビトヤシ製品は、ナツメヤシ・オアシスでも必需品なのである。とくに、ナツメヤシの木に登るときのベルトは、このコビトヤシの葉をたたいてほぐした繊維から編まれている。これなくしては、ナツメヤシの春の受粉も、夏の果実の収穫も、まったく不可能である。ナツメヤシの収穫のとき、紐をつけて、樹上の男が下の人にナツメヤシ果実を吊り降ろすカパートという小さな美しい四角型の籠は、コビトヤシからつくられる籠の粋ともいうべきものである。

コビトヤシは、ナツメヤシ・オアシスから少し離れた涸れ川沿いにも生えているため、オアシスの農民たちも必要に応じて葉を集めてきて、仕事の合間にせっせと編む。だから、砂漠の特産品というわけではない。とはいえ、砂漠のコビトヤシのほうが、採集される頻度が少ないので、葉が大きく、能率的に丈夫な品物を編むことができるのは確かである。

砂漠に生活しているバルーチュ人たちは、小規模な天水農耕民とヤギ遊牧民だけかというと、すこし例外的な生活様式が認められる。これは、ダム農耕というべきものである。それほど多くはないが、かなり大きい村が、ナツメヤシ・オアシスの発達する河谷から離れたところにも点在しているからである。それらの村は、近くに、大きなダム状の建造物を石と土とでつくりあげている。これで、毎年のようにやってくる洪水をせき止めるのである。

ダム農耕

何本もの河谷が集まるところでは、支流のどれか一本にでも降雨があると、一年に一回は洪水の流れがやってくる。こうした立地のよいところにこれらの村々はある。しかし、この洪水は強力で、ちょっとしたダムはあっという間に壊されてしまう。洪水の濁流をせき止めるためには、強大な石と土のダムをつくって、それを日々補強しなくてはならない。このダムの建造と補修強化には、ウシの労力が不可欠である。ウシに板を引かせてその板で土石をダムの上に運ぶという作業を根気よく続けなくてはならない。

このため、こうした村では、ウシをもっている人たちにだけ、この作業に供出したウシの頭数に応じて、洪水をせき止めてできた畑地が割り当てられる。全部でウシを二〇頭用いている村で、二頭ウシをもっている人は、洪水をせき止めてできた畑地の一〇分の一の

図42　ダム農耕の大きなダム

耕作の権利をもつわけである。このことからもわかるように、こうしたダム耕作をおこなう村においては、人びとはナツメヤシ・オアシスと同様に、階層的な社会をつくっている。ウシを保有し、畑地の耕作権をもっている人と、その人のために毎日ウシとともに働く人が社会的に分化している。このダム農法はなかなか効率的で、毎年新しい土が洪水とともにもたらされるため、トウモロコシやソルガム、マメ類やウリ類がいろいろと栽培される。

ダムは毎年これらの土によって埋められていくわけだから、年ごとに高くして、補強されなくてはならない。しかし、ほぼ毎年、耕作は保証されている。だが、そのためにはかなり大きな村に住み、ウシをもっている人たちが協力関係をもっていなくてはならない。これは、砂漠に住む、小規模な天水農業やヤギ遊牧をおこなう人たちには、できないことである。ダム農耕に適した地点は、すでにもう利用されているということもできるかもしれない。しかし、砂漠の天水農耕民とヤギ遊牧民は、なにかこのダム農耕の前提となる社会の構造にむかない人たちのようにも感じられる。

天水農耕

砂漠のなかに、小さな集落やキャンプをつくって、小規模な天水農耕やヤギ遊牧に従事する人たちの暮らしは、見るからに貧しい。正確な生態学的調査をしないで、印象だけで語るのには多少の躊躇を感じるが、何か生存ぎりぎりにある

図43　延々と続くバンド

ように感じられる。それでも、やはりこれも印象にすぎないと批判されるかもしれないが、少人数で、親密で平等な社会をつくっているようにみえる。

小規模の天水農耕というのは、ただただいつくるともわからない降雨を、じっと待たなくてはならない。マクラーンの雨は、きわめて局地的に降る。ある場所でかなりの降雨があっても、そこから数キロ離れると、一滴も降らないこともある。しかし、地表を流れ、涸れ谷に流れ込み、思わぬところを水が流れ去ることがある。小規模な天水農耕は、雨水が地表を流れるのを集めようとする。土地が肥沃でゆるやかに傾斜しているところを選び、雨水をとめて溜めることができる弓形に、高さ五〇センチから一メートル、ときには、二、三メートルの堤を延々と何キロにもわたって築く。こうした堤のことをバンドというので、これからはこの語を使う。このバンド構築の作業にも、ウシを役畜として用いると好都合だが、かならずしも、いつもウシを飼っていなくてはならないわけではない。

雨が降って、バンドの内側に十分に水が溜まったら、さっそく犂耕（りこう）して播種する。つぎにいつ雨が降ってくれるかわからないので、育てられる作物はソルガムだけである。ソルガムは、この一回の雨だけで結実する。ソルガムの種実は人間が、そして茎葉はヤギや（飼っていれば）ウシが食べる。収穫したソルガムの穂は、前述のコビトヤシ製の大きな籠に保存する。ソルガムの茎葉は、集落のなかの木の上にかけておく。ヤギが勝手に食べないようにするのである。

バンド農耕は、肥沃な粘土性の土壌が厚く堆積しているところで展開するため、多くは、水資源に恵まれない。何粁もの道のりを、毎日、水汲みに出かけなくてはならない。しかも、その水場は、足場の悪い山かげの岩の間にあったりして、大変な重労働である。女性成員の何人かは、毎日この水汲みに従事している。いくつもの集落が共同で利用できる井戸があっても、かえってそれは深くて、ロバなどの役畜を用いないと汲み上げられないことが多い。これに用いるロバは、前進とそのままでの後ずさりを教えられている。こんなときには、男性も何人かついて行かなければならない。誤って、女性が井戸に落ちるという事故もある。

ヤギ遊牧

雨が降らなければ農耕はできないわけだから、バンド農耕をしている人たちは当然家畜飼養にも力を注ぐ。環境が悪くてヒツジは飼えないので、彼らはヤギの群をもっている。二年三年と雨が降らないと、彼らはヤギ飼育に重点を移しつつ、男たちの何人かが町へ出て賃労働につき、金を稼ぐ。うまく山羊群が増加してくれれば、あるいは、ヤギの群が大きくなりすぎて集落の近くだけでは放牧しきれなくなると、山羊群を連れて遊動的な生活を始める。バンド農耕民が、ヤギ遊牧民化するわけである。

　マクラーン地方の小規模な天水農耕民は、バンドをつくって小さな集落に住んでいるが、その集落への定住は比較的安定した定期的な降雨によってのみ、有意味なものとなっている。バンドの所有やその集落への定住は権利として保有しながら、彼らは、ヤギの群を連れて、より広い範囲を放牧するようになる。すでに述べたように、テントはごく簡単なものである。定住集落でも泥壁の家は暑くて、一年のほとんどの間、物置きとしてしか利用されない。家の前に簡単な木の枠を立てて、コビトヤシを編んでつくった屋根をかけた東屋（あずまや）が、普段の生活場所である。暑いときには、家畜までこの日蔭に入りたがる。ラクダが首を突っ込んでいることさえある。

　いわば、天水農耕民の遊牧民化は、この東屋の部分をロバに積んで、山羊群の放牧地を広く求めるようになる程度であって、バンド農耕民自身にとっては、それほど大きな生活様式の変換とは考えられていないのかもしれない。自分たちのバンドのあるところに好適な降雨があれば、彼らは山羊群と一緒に帰って、またバンド農耕をおこなうようになる。このような状況からは、まさに、砂漠の極限的な生活条件のところにおいては、遊動がひとつの生存のための戦略として、大きな機能をもっていることを確認できるのである。

ほとんど雨が降ることを顧慮する必要のないマクラーンの砂漠においては、バンド農耕をおこなうにしても、ヤギ遊牧をおこなうにしても、そのために必要な生活のための物質文化はたいした量にならない。そこには、生活の簡素さと物質的な貧しさとが、不思議な調和をみせている。若いアルベール・カミュがアルジェリアの陽光と人びとの暮らしぶりに感嘆したように、人間の生き方のもっとも単純な世界を垣間見ることができるような気がする。

ナツメヤシの敷物、その上の木の枠とやはりナツメヤシで編んだテント（敷物とほとんど同じもの）、木を地面に立ててそれにひっかけられたヤギの革袋の水、ヨーグルト。この簡単な日蔭の片隅の小さな石臼と、ソルガムの粉。人びとは、この日蔭に身を寄せ合うようにして、暑い暑い日中をやり過ごそうとする。遊牧についていっていない仔ヤギ数頭、ほとんど完全に眠っているイヌ、生き物の気配さえ感じられないバンド農耕民の集落やヤギ遊牧民のキャンプの夏の情景である。

山羊群は、砂漠に暮らす人たちに夏の三、四ヵ月間、貴重な動物性蛋白質である乳をもたらし、毎年仔ヤギを増やすことを約束する。換金の必要なときには、若いオスヤギから売っていくことができる。オアシスにも、ヤギの群は飼われているが、それなりの需要は期待できる。ナツメヤシ・オアシスの点在している河谷の中心地から離れれば、ヤギのための牧野はいくらでもあるといってよい。降雨をみない年でも、ヤギならば安心して飼うことができるのである。

ラクダの運搬業

マクラーン地方のヤギ遊牧民は、しかし、前節で述べてきたような、バンド農耕民から転向した人たちばかりではない。そのかなりの部分が、何世代も遊牧生活をおくっており、そういう人たちはラクダの群も所有している。そして、ラクダ群を所有している遊牧民は、山羊群に依存する以上にラクダを用いての運搬業に力点を置いて生活している。ラクダは、今日においても、マクラーンの砂漠の辺境では、もっとも安価で信頼できる輸送手段だからである。とくに、海岸部の漁村から、塩蔵したり日干ししたりした魚を内陸の村々へ搬送したり、内陸の村々で伐り出された薪を町へ運んだりするのは、ラクダのキャラバンである。こうした安価な積荷は、トラックで運ばれることはない。また、よほどよく整備されたよい四輪駆動車でないと、辺境の砂漠の村々へ到達することは難しい。

トラック輸送は、道路の整備されたかなり大きな町の間を、カラチやイランから搬入される、かなり値の張る物資を対象におこなわれている。タンク・ローリーによる石油類の運送もこれに含まれる。これに対して、薪や魚、コビトヤシ製品のような旧来からの積み荷は、ほとんどラクダが頼りである。運ぶバルーチュ遊牧民も、それほど大きい利益は期待できないものの、年中恒常的に仕事がある。数頭のラクダがあれば、男一人が付き添うだけでよく、鎖で繋がれたラクダの先頭のものに乗って行く。

マクラーン地方は、イランとパキスタンの国境によって二つに分けられているが、その両側にバルーチュ人が住んでいる。パキスタン領に入ってからも、カラチやカラートへ向かう道路に沿って、何ヵ所かに関税検査のポストが設けられている。密輸、あるいは関税逃れのために、トラックは検問所の手前で問題の積み荷を降ろして、ラクダのキャラバンにそれを積ませて、検問所を通り過ぎてからその荷をもう一度受け取って積載する。こうした多少非合法の色彩のある仕事は、確かにリスクがあるが、バルーチュ遊牧民によい利益をもたらす。もっと危険な、もっと犯罪的な仕事は、アルコール類と麻薬の夜間の運送である。警察や国境警備隊に発見されれば逮捕収監されるが、手伝うバルーチュたちにとっては、この仕事に関与している犯罪グループのほうがもっと危ない。

ラクダの群をもたないバルーチュ遊牧民で、砂漠で生活する人びとは、数家族の小さいキャンプを作っている。ちょうどパシュトゥーン遊牧民の夏のテント集落程度の大きさのキャンプである。なかに、キャンプの代表というべき男がいる。かならずしも年齢によるわけではなく、外部世界と接触の経験があって、ウルドゥー語が少しはわかるといった男が、こうした立場にある。しかし、彼はけっしてキャンプの長というほどの権力をもっているわけではない。むしろ、キャンプがどうしても外部世界と接触しなければならなくなったとき、彼が何とかそれを処理するということである。

ひとつの日蔭をともに

彼は、上手に、相手を怒らしたりしないようにキャンプ全体の利益を守る、あるいは不利益を最小にすることをキャンプ全員から期待されている。見たこともないような、目的もわからない調査者の来訪を何とかして処遇するのも、彼の務めである。そうしたキャンプの代表者の特徴はよく、言葉をうまく操るという意味でギャプ・シリーン（甘い言葉）と表現される。

キャンプの長は、そのキャンプ全体のために、自分の家族のため以上に、自主的に働かなくてはならない。自分の費用で町へ行ったり、外来者をもてなしたり、キャンプ全体の指針を考えたりしなくてはならない。しかし、キャンプの全員が彼に寄せる信頼によって、キャンプの長は自らの立場を自覚させられているといえる。いろいろなことについても決定権はなく、あくまでも利害の調停や家族間の主張の調整や司会をするといった立場にある。その意味では、キャンプの成員の男たちは比較的平等な立場にあるといえる。また、キャンプを同じくする者の間の助け合いや団結は強く意識され、ひとつのキャンプの成員は、ハム・サヤグ（蔭をともにする）と表現される。

通常、ひとつのバルーチュ遊牧民のキャンプは、父系のごく親しい血縁関係にある男たちとその家族から成立している。しかし、まったく血縁関係がないのに、親しい関係の男が家族とともに参加していることもすくなくない。バルーチュ遊牧民のキャンプは、かなり旱魃（かんばつ）が続いても干上がることのないひとつの水場と、条件のよい牧野を中心に、かなりゆるやかにその領域が意識されている版図をもっている。すくなくとも、この行動域のなかに遊牧キャンプがあるかぎり、ほかのキャンプはその水場と牧野を勝手に使用することはできない。しかし、バルーチュ遊牧民は、しばしば自分たちの牧野を離れて町やほかの場所へ行くため、その間、別のキャンプがそこを用いていることも多い。

状況によっては、バルーチュ遊牧民も雨のあとソルガムの播種をして、まるでバンド農耕民のようにして暮らすこともある。けれども、この畑を収穫するまでにどうしても他所（よそ）へ出かけねばならなくなって、畑を放置していった場合には、収穫期になっていれば、そこを通りがかったほかの遊牧民のキャンプがその畑を収穫してもよいことになっている。

夏の出稼ぎ

前節でも述べたように、ナツメヤシの果実の収穫期であるアーメン（七月から一〇月頃まで）には、バンド農耕民もヤギ遊牧民も近くのナツメヤシ・オアシスの外周に行って、そこにキャンプをつくる。落ちて砂がついたり、虫に食われたりしたナツメヤシの実を食べて、酷熱の砂漠から逃れるのである。砂漠は、連日摂氏四〇度を越し、ラクダまでが人間の東屋に首を突っ込んでくるくらいである。しかし、よく見ると、これらのナツメヤシ・オアシスへ来る遊牧民たちの顔ぶれのうちには、若い男や成人の男は少ない。働き盛りの男たちは、老人や女性成員をナツメヤシ・オアシスの近くにおいて、別のところへ働きに出かけているのである。

道路工事や地下水路の新設や補修、建築労務などが彼らバルーチュ遊牧民の男の働き口である。彼らがこうして稼ぐささやかな現金収入は、しかし、キャンプにとってはかけがえのないものである。キャンプの長が、来客に「本来はサッジ（ヤギの後脚一本丸ごとのカバーブ）をさしあげるべきところが、これしかない」と謙遜しながらさし出す砂糖の入

図44　バルーチュ遊牧民のテント集落

図45　バルーチュ遊牧民の長

図46　バルーチュ遊牧民のコビトヤシ製のテント

った紅茶という彼らにとっては最高の贅沢品も、こうしてようやく可能になるのである。

バルーチュのヤギ遊牧民のキャンプは、このようにいくつにも分裂するし、ときに、ひとつにまとまる。多くの場合、青年が山羊群の放牧を受けもち、成人の男たちが各種の賃労働に出かける。夏の間老人と女性と子供がナツメヤシ・オアシスの近くのキャンプにまとまって住む。この間、老人たちは、オアシスの地主の血族の若い男たちが自分たちのキャンプの女たちに近づかないように、気をつけなくてはならない。通常、パシュトゥーンのように婚姻外の性関係をもった男女はともに殺されなくてはならないのだが、相手の男が自分たちより圧倒的に強大な権力をもっていると、遊牧民の側は泣き寝入りを余儀なくされるからである。

マクラーン地方のバルーチュ遊牧民についてではないが、婚外性関係にかなりの重点を置いたモノグラフが、マクラーン地方よりもずっと東のスィンド地方寄りに分布するマッリ・バルーチュ（遊牧民）について書かれている。すくなくともマクラーン地方では、男女がともに殺されず、かつそうした関係が持続するのは、おもに男のほうが地主や権力者である場合に限られるようである。またそのモノグラフがいうように、格別彼らの間の婚姻関係が冷たく人間的ではないというわけでもない。バルーチュの名誉のために、ここに書き添えておくことにする。

バルーチュのヤギ遊牧民の生活の立てかたは、基本的にいろいろな経済活動に参加し、可能な生活費をえるという戦略に立つもので、さきに多資源適応型という表現をした。このために、ひとつのキャンプは二つ、三つに分裂して、それぞれの生活資源をめざして独自に動き、状況によってひとつに合流するという居住様式をとる。キャンプのまとまりすらが、その経済活動のために犠牲にされているかにみえる。しかも、このようなキャンプの経済活動は、本来の牧野の範囲内では、どのように山羊群を増殖させても自律的な生活維持がむずかしいという図式のうえにおこなわれていると考えざるをえない。それとも過去においては、年間三、四百ミリの雨が規則的に降り、バンド農耕にせよ、ヤギ遊牧にせよ、もっと余裕をもっておこなわれる時期があったとみるべきなのだろうか。

多様な経済活動

近年、降雨の減少と不規則さとは、とくに加速されているように思われる。最近、ほとんど水溜まりしか見られないケーチュ河谷に、昔はワニがいたといわれる。それは確認もされており、近い過去においては降雨がもう少し多く、かつ規則的であったと推測することは許されるようである。だとすれば、そのころには、バンド農耕民やヤギ遊牧民は、今よりは少しは優雅な砂漠の暮らしを享受していたと考えられるのだが。

すでに指摘したように、バルーチュ遊牧民の牧畜経営は、前章のパシュトゥーン遊牧民とまったく対照的なものである。バルーチュ遊牧民は、まったく都市や商業から遠いところに生活しており、パシュトゥーン遊牧民のように政治的な折衝能力をもたず、国家や地方の行政へアクセスするための手立てをまったく欠いたところにおかれている。このため、彼らは自分たちの生存戦略や生活手段を自らの欲する方向に展開することができず、政治的経済的に弱い立場に甘んじるよりほかない。

パシュトゥーン遊牧民が、いわば経済的な好機を自己のものとしていったような可能性は、バルーチュ遊牧民にはもとから残されておらず、かろうじて残っている貧しい資源をつなぎ合わせて周年の生活を編成しているかのようにみえる。西南アジアの遊牧社会の大半の現状は、しかし、パシュトゥーン遊牧民の側よりも、はるかにバルーチュ遊牧民に近いといってよい。国家や地方行政の砂漠のフロンティアへの開発や援助は、常に定着農民の視点からおこなわれ、井戸の掘削や灌漑設備の建造などは、農耕民の常畑の拡大、ほかでもない牧民にとっての好適な牧野の農地化による喪失をもたらすのである。

宗教的少数者として

バルーチスターンのマクラーン地方に生活している砂漠の人びとは、自ら乏しい生活資源を配分して、周年の暮らしを立てることに毎日を費しているといってよい状況にいる。金銭的な蓄えも多くなく、周囲から彼らを見ている人たちも、それを期待していない。しかし、ほとんどの砂漠のバンド農耕民やヤギ遊牧民は文盲であり、町や行政の組織について無知であるために、各種のトラブルに巻き込まれることがある。ときには、砂漠から来た人たちに一方的に非がある場合もあるが、それ以上に、町や行政に近い人たちから不当に扱われたための砂漠の人たちの反応ということもある。

ジャンガリ・バルーチュ

砂漠のバルーチュ人たちは、アラビアのラクダ遊牧民のように、都市居住者からある種の尊敬をもって認められている存在ではない。バンド農耕やヤギ遊牧に携わるバルーチュたちは、同じバルーチュでも、村や町に住む人たちからジャンガリ・バルーチュと呼ばれる。ジャンガリというのは、ほぼ、ジャングルの、という意味と考えてよい。英語などのジャングルという語は、こうしたインド亜大陸起源の言葉から輸入されたものなのである。そして、このジャンガリ・バルーチュという語は、いい意味でも多少の同情、たいていは軽蔑や憐憫(れんびん)のニュアンスが込められている。ときには、はっきり揶揄(やゆ)という響きもある。

村や町の商人たちにとって、ジャンガリ・バルーチュは、格好の組しやすい上客である。バンド農耕民やヤギ遊牧民が、買い物や値段の折衝に慣れていないことを利用して、彼らから余計な金を取ったり、より有利な交換をしようとすることは、ごく普通である。村や町でのトラブルのときには、介入した警察は、かならず村や町の人間の側に立ち、無知で粗野なジャンガリ・バルーチュからすこしでも金を取ろうと画策することもある。逮捕されたり、裁判にかけられたりという事態になると、砂漠の奥に生活の拠点のあるバンド農耕民やヤギ遊牧民の側にはまったく勝ち目がないため、彼らは何とか賄賂(わいろ)によって、ことを穏便にすまさざるをえないのである。

このような事情のために、砂漠のバンド農耕民やヤギ遊牧民は、必要に迫られないかぎり、町に出かけることはない。必要な仕事をすませると、さっとそこから引きあげる。店での購入や交易も、ごく限られたよく知っているところにだけ出かけ、一般的な取引とは、かなり様相が違う。バルーチュのヤギ遊牧民は、その家畜を売りたがらない、とよく言われるが、その背景には、このような事情があるのである。また、バルーチュに、パシュトゥーンのような金銭への強い執着がない、というのも、こうしたバルーチュという民族集団内の町や換金経済への関与の変異を考えなくてはならないだろう。

礼拝しないムスリム

ジャンガリ・バルーチュたちが、町や行政の中心地の同じバルーチュからいくぶんなりとも奇異な目で見られるとすると、それは、彼らの宗教のゆえである。彼らは、イスラームという宗教の枠内にあると、自らでは信じているものの、〃すこし〃異なった宗派に属している。彼らは、通常のイスラーム教徒では五行のひとつとして、義務とされている一日五回の礼拝ナマーズをおこなわない。そのかわりに、集団で朗唱するズィクルをおこなう。通常のイスラームの教えでは、礼拝は義務で、神の名を讃えるズィクルは、よいこととして勧められる行為と位置づけられている。この礼拝をおこなわないという特色によって、砂漠のジャンガリ・バルーチュたちのことを、ズィクリー（ズィクルする人たち）と呼び、通常のイスラームを奉じるムスリムのことを、ナマーズィー（ナマーズする人たち）と区別するのである。町や行政の中心地には、たくさんのイスラーム礼拝所、マスジッドがあり、村でもイスラームに熱心な大土地所有者たちは、自分たちの住居のすぐ横に専用のマスジッドをつくるくらいである。パキスタンのバルーチスターン州でもまったくの辺境のマクラーンにおいても、イスラームの復古運動は強い力をもっている。

しかし、こうした町や行政の中心地においても、マクラーンでは、バルーチュの人たちすべてがナマーズィーではない。しかも、町や行政の中心地では、商人や専門職としてかなりの数のズィクリーが成功している。イラン側のマクラーンにもズィクリーの人たちは多く、イランにおいて宗教的な理由で抑圧、差別され、耐えがたくなってパキスタン側へ移住してきたズィクリーたちもいる。このような人びとのなかには、財産があり、教育程度も高く、今日では成功しているものが多い。

マクラーン地方のなかでいうと、内陸の辺境地帯でバンド農耕やヤギ遊牧をおこなっている人たちは、ほぼ全員ズィクリーである。海岸部では、グワダールやパスニでも半分以上がズィクリー、オルマラあたりでは全員ズィクリー、そして、ラース・ベラに近づくに

図47　ズィクリー信仰の中心地ズィクル・ハーナ・トゥーバ

したがって、通常のムスリム（ナマーズィー）が増加する。ラース・ベラの都市部は、多数派はムスリムである。

しかし、いくら人口密度が低いとはいえ、広大な地域である。ズィクリーの人口は、三〇〇万人に達するという説がある。人口統計そのものの信憑性が著しく低いことを考えにいれなくてはならないにしても、この数は相当なものである。バルーチュ人の総人口が一〇〇〇万人前後だとすると、その三割にあたるというのである。といっても、イスラームの復古運動が始まる以前、マクラーンのバルーチュの間では、ナマーズィーであるか、ズィクリーであるかはたいした問題ではなかったといわれる。辺境地方では、ナマーズィーとズィクリーの間の婚姻はいくらでもおこなわれていた。最近では、すっかり状況は変わってしまった。

イスラームという宗教を、その教えの骨子である六信五行によって定義するなら、ジャンガリ・バルーチュたちは、明らかにイスラームを奉じていることにならない。じつは、この正統イスラームからのずれは、このナマーズをおこなわないことに限られているわけではない。六信五行とのかかわりでいえば、つぎに大きな差異は、信条告白の「アッラーのほかに神なく、ムハンマドは預言者なり」というアラビア語の文が違っている。ムハンマドを、ヌール・ムハンマド・マフディとズィクリーたちは言うのである。これは通常の感覚でイスラームを定義するときでも、かならず問題になるであろうから、イスラーム復古主義を唱える人たちにとっては、言語道断でまったくイスラームではありえない。ズィクリーは不信者（カーフィル）だ、ということになる。

ズィクリーは、歴史的な起源を一六世紀のインドの宗教家、サイイド・ムハンマド・ジョウンプリーに発するらしいのである。一種の宗教改革者で、インドからパキスタンあたりを通って、アフガニスタンのファラーという町で死んでいる。当初は、この人をマフディとあがめていたらしい。しかし、ズィクリーが今の信仰をもつようになったのは、ずっと後世一八世紀に入って、ギチュク地方出身の人たちがマクラーン一帯に支配権を確立してからのち、ムッラー・ムラド・ギチュキーという宗教指導者が出て以来らしい。このムッラー・ムラドが、現在に伝わる、イスラームからみると異端のズィクリーの宗教的実践の多くを規定したらしい。

ズィクリーたちは、ラマダーン月に断食せずに、そのうちの何日間かをマクラーン地方の行政中心の町トゥルバトの近くの小さな山、クーヒ・ムラド（ムラド山）に集まる。一九九三年には、イスラーム復古主義勢力が、ズィクリーの集合を襲撃したことがあった。

ズィクリーが、クーヒ・ムラドをメッカと呼び、そこに集まることを巡礼、ハッジュと称しているのはけしからんというのが名目であった。ズィクリー側は、そんなことを言うはずがない、クーヒ・ムラドはズィヤラート（聖地）のひとつであって、メッカでもなければ、集まるのも巡礼などではありえない、と弁明にやっきであった。

トゥルバトの町のなかや周辺には、ズィクリーによってイスラームの聖地ザムザムの泉と同じ名で呼ばれるカハン、崇敬するマフディが奇跡をなした丘、彼らの聖典が発見されたカフールの大木といった聖地がいくつもあり、今もジャンガリ・バルーチュたちを引きつけている。

しかし、考えてみれば、ジャンガリ・バルーチュたちのうちには、平気で、クーヒ・ムラドへの集合をメッカへの巡礼と同じ語で呼ぶものがいても何の不思議もない。彼らは、正統派イスラームの教えも、ムスリム側の怒りも、理解しえないだろうからである。そして、こうした武力衝突が、いったい彼らに何をもたらすかについても。そもそも、トゥルバト周辺に、正統イスラームの教えをなぞるようにして、ズィクリーの聖地と宗教活動を再配置したのはムッラー・ムラドであったのだから、素朴な砂漠のズィクリーたちにとっては、ムスリムたちの怒るその図式こそが、彼らの宗教理解のまったくの核心となっていったわけだからである。

砂漠のバンド農耕民やヤギ遊牧民にとって、ズィクリーとしての宗教実践は、むしろ、日常生活のなかでは安らぎや歓びをもたらしてくれるものであると思われる。ようやく耐え難い日中の暑さが過ぎ去ったあと、皆で輪になってアッラーを讃えるバルーチー語の歌を皆で朗唱し、ときに踊る。ラマダーン月には、年一日クーヒ・ムラドに集まり、山に登り、麓のズィクルをする礼拝堂に集まる。この礼拝堂ズィクル・ハーナ・トゥーバは、彼らの集うズィクルのための施設のなかで、最大、もっとも美しく造られている。

ズィクリーはイスラームか

しかし、彼らのズィクリーとしての宗教的営みは、イスラームの定義からして、その枠内にあるものかどうか、はなはだ疑わしいという批判を避けることができない。もし、イスラームに入らないとすると、ズィクリーは、パキスタン国内において、宗教的少数者として正規の参政権を失うのである。三〇〇万人の人口を擁するズィクリーが選挙権を失えば、バルーチュ民族全体の政治的な勢力としての位置が、著しく低下することは明白である。とくに、隣のパシュトゥーン人との勢力関係は著しくバルーチュに不利に傾くことだろう。イスラームの精神によって正しい政治をおこなおうと主張するイスラーム復古主義政党が、このズィクリー問題に深く関与しており、しかも、それらの政党は、多くはパシュトゥーン人によって主導されているのである。

ムスリム（ナマーズィー）であっても、バルーチュ人の知識人たちは、このズィクリーをめぐる宗教・政治問題に心を痛める。一面においては、これは、バルーチュ人の民族集団全体として国政にかかわる問題である。彼らは、パシュトゥーン人側が、宗教にことよせてバルーチュ人の民族主義を二分して勢力をそごうとしている、これは政治的策動だと怒る。しかし、一面においては、ズィクリーたちが襲撃されたり、ズィクリーはムスリムではないというキャンペーンに遭遇して、心を閉ざしてしまったことも確かである。これまでのような自由な雰囲気のなかでの、田舎の人たちのゆっくりとしたイスラーム化が、かえって阻害されてしまったのである。

ナマーズィーであれ、ズィクリーであれ、町や行政中心に住むバルーチュの知識人たちは、ズィクリーの問題について一定の理解をもち、彼らなりの関与をおこなうことができる。ときには、パシュトゥーン人が主導していると知っていても、自らのイスラームへの忠誠心から反ズィクリー運動に参画することもできる。しかし、バンド農耕やヤギ遊牧に従うジャンガリ・バルーチュたちにとっては、この宗教問題は気の重い問題となっていることは確かである。町や行政の中心地が経済的チャンスを保証してくれるよりも、かえって困難な状況を彼らにつきつけてくるように、今や、彼らが日々の苦しい営みの息抜きにしてきたズィクルの集会が、町や行政中心のムスリムたちから疑わしくとられ、攻撃的な抑圧の対象と考えられ始めたのである。彼らは、経済的に見捨てられてしまったうえに、宗教的にも異端の少数者として抑圧される運命にあるのだろうか。

イスラームという宗教においては、その内部がきわめて斉一な構造になっている。インドネシアでも、インドでも、パキスタンでも、「アッラーのほかに神なく、ムハンマドは預言者なり」という信条告白のアラビア語文を朗唱して礼拝を呼びかけるアザーンはほとんど同じである。むしろ、近くの町や別のマスジッドとの間の差異のほうが大きいかもしれない。その広い分布版図にもかかわらず、こうしたイスラームのひとつの宗教としてのまとまりが明確に維持されてきた理由としては、イスラーム世界内部での人びととの頻繁な社会的交流をあげなくてはならないだろう。商人を中心として、多くのムスリムがイスラーム圏を動き、彼らがイスラームの教えと主義を斉一化、平準化していったことは間違いない。

マクラーンの孤立

バルーチスターンのマクラーン地方は、アラビア半島への近さから、早い時期にいったんイスラーム化した。自然条件の悪さなどでその後長い間孤立したことが、ムハンマド・ジャウンプリー・マフディーの教えをずっと保存し、のちにはムッラー・ムラドの教えを伝えて、正統的なイスラームの教えが幹線道路や主要なオアシスから奥の砂漠の辺境にあるバンド農耕民やヤギ遊牧民の生活世界へと浸透しなかったこととの、第一の条件となったのであろう。歴史的にみて、地理的に孤立して社会的交流を欠いたイスラーム社会が、イスラームを奉じていると信じながらとんでもない様相になることは、ほかに例がないわけではない。

バルーチュのバンド農耕民やヤギ遊牧民がかろうじて生活しているマクラーンの自然環境の悪さは、彼らの著しい孤立の原因となったが、やはり同じ理由から、彼らの宗教生活自体が周囲のイスラーム世界から離れて特殊化してしまった、あるいは、特殊なままで外界とかかわらないままにあったといえるのであろう。

遊牧という文化

政治的なものとしての遊牧

遊牧生活の前提

西南アジアにみられる遊牧民の生活のたてかたは、これまで、パシュトゥーンとバルーチュ遊牧民について二つの章でみてきた。しかし、パシュトゥーン遊牧民とバルーチュ遊牧民の二つのいずれかに限られるわけではない。むしろ、これら二つを両端にして、なお、いくつもの中間的な遊牧生活の組織の仕方はありうることだろう。遊動生活を、牧畜という生業を主要な生計維持の手段として選びとりつつひとつに構造化していくとき、これら二つは明らかに典型となりうる。パシュトゥーンにおいては牧畜専業化が、バルーチュにおいては牧畜とほかの経済活動との組み合わせが、主要な戦略とされている。

しかし、遊動生活といっても、両者の様相は著しく異なっているといわなくてはならない。パシュトゥーンにおいては、一年二回の季節的な移動は、きわめて規則的なものである。移動距離は大きく、夏と冬の牧野がきまっている。バルーチュにおいては移動は不規則で、距離は短く夏と冬の牧野がきまっているわけではない。夏のナツメヤシの収穫期は以前から関係のあるオアシスに寄食し、冬は、自分たちの専用を既得権化している牧野にあっては、もっとも風の当りにくい小さな谷や岩蔭がキャンプ地に選ばれる。

遊動途中における人口集住地とのかかわりかたも、対照的である。パシュトゥーン遊牧民にとっては、都市のバザールは彼らの牧畜経営に必須のものである。「牧畜に生きる」の章で扱った北東アフガニスタンのドゥッラーニー系のパシュトゥーン遊牧民においては、春に生まれてすぐのオスの仔ヒツジを殺してえたカラクル羊皮を販売し、その金で生活必需品を購入し、かつ、牧夫や牧草集めの人たちの労賃をまかなうからである。専業的な牧畜経営のためには、都市バザールの存在は必須不可欠なものといえる。

バルーチュ遊牧民においては、逆に、町や人口集住地は、彼らが牧畜以外の経済活動の場をえる機会をもたらしてくれるものである。しかし、一般に、町や行政と恒常的な関係をもったことがなく、文盲のヤギ遊牧民にとってはそこは、彼らにとってはあくまでも少しばかりの現金と交換に、骨の折れる不慣れな仕事をがまんしてする場所という以外、格別に大きい意味はない。バルーチュのヤギ遊牧民にすれば、もしも同じように支払われる賃労働があれば、町や行政の中心地に行く必要はないのである。

このようにみていくと、相互に対照的なパシュトゥーン遊牧民とバルーチュ遊牧民の遊動生活の様相をいくらでも列挙できる。それらを遊動を軸に整理し、この対照性をもたらす根底的な違いが何なのかを考えてみるのが、本節の課題である。それは、同時に、遊動を高地と低地、夏と冬という生態条件の異なるところを結ぶことによって、家畜にとって良好な条件を確保するという側面から位置づける以外に、別の角度から遊動を眺めることによって、何がみえてくるかを考えることにもなる。

最初にことわっておかなくてはならないのは、パシュトゥーン遊牧民の遊動生活が生態的な適応として評価できる局面をもっていることは確かであって、これを否定しようなどというのではない。むしろ、生態的な適応以外に、どのような意味をもっているのかを考えてみたいのである。遊牧が生態的な適応としての意味をもつにせよ、生態的に適応的であるから遊牧がおこなわれているというような表現は、すくなくとも保留したほうがよいと思われる。生態学的決定論よりも前に、遊動にかかわる多様な関与要因や意味について、まず、フィールドワークで明らかになったことを手がかりに慎重に検討していくことにする。本節においては、牧に重点を置き、次節においては動に比重を移して、遊牧民の遊牧と遊動を、これまでほとんど強調されてこなかった新しい視座から見直してみたい。

遊動のパフォーマンス

まず、パシュトゥーン遊牧民が、季節移動の際におこなういろいろな営みのなかで、温度や牧草といった条件のためにおこなう移動とは、直接的には無関係にみえるものを拾うことから始めよう。移動時の行列を華美に飾り、一日の移動距離が短いこと。一日せいぜい六時間しか移動せず、ラクダのキャラバンは、二、三十キロしか進まない。大きな村や町は早朝に通過し、そのはずれに宿営すること。これに付随して、自分たちの家畜にも首に鈴やベルト、毛刈りのブーコンというパターン、背に色をつけて、どうも定住している側から見られることを前提としていること。

その一方で、女性やラクダを美しく飾ることの背後には、ある種の邪眼を避けるというような、やはり見られることを意識している信念がうかがわれること。さらに、男は、ことさらに綺麗に刺繡された派手な袋に銃を入れて肩からかけ、定住している人たちを威圧するような行動をとること。これらは、遊牧民の側と定住民の側との間に、一定の緊張関係があることを示していよう。

特定の遊牧民の集団と、定住村なりその村の一部の人びとが、とくに敵対的であるということもありえよう。しかし、遊牧民にとって遊動の途中、定着村の人たちだけが潜在的な脅威なのではない。夜盗の類は多いし、なかには銃撃戦を覚悟で遊牧民のテント集落を襲う強盗もいるくらいである。遊牧民の移動は、遊牧民の側の一定の武装自衛能力を抜きには成立しえないのである。

しかし、パシュトゥーン遊牧民の季節移動時の行列のつくりかたや、行進のパフォーマンスは、こうした直接的な武力の行使だけを意識しておこなわれているわけではない。むしろ、彼らの生活のありかたを、定住民との差異のうえで明示し、彼らが別の規範に属する生活を営んでいることを示そうとしているかにみえる。パシュトゥーン遊牧民が、クンドゥーズの北に冬の村と牧野をもち、なお、夏の牧野をシワ高原やハザーラジャトにもっていることを知っている定住民はほとんどいない。

危機管理の手法

また、逆にいえば、パシュトゥーン遊牧民の側でも、彼らが夏の牧野と冬の村とを一年一往復するにあたって、アフガニスタンの中央政府も地方政府もなんら直接の許可を与えてくれているわけではなく、何かあったとしても、すぐに援助を要請できるとも思ってはいない。アフガニスタンの地方政府の権限はけっして強くなく、その地方のパシュトゥーン人権力者の支援があって、はじめて統治の体裁をとるというものである。

このような状況のなかでの遊牧は、一九世紀末にパシュトゥーン遊牧民に与えられたある種の許可状というドキュメントがあっても、それはいわば、既得権として慣行的に認められていることにすぎない。パシュトゥーン遊牧民のもっているドキュメントにサインした遊牧民側の長老（それが、ドキュメント所持者の祖父であったとしても）も、政府側の役人ももうすでにいない。そのコピーが正式登録文書として当該役所にファイル保存されているわけでもなく、ドキュメントの効力は、客観的にはなんら確認されようもない。

もしも定着民との間に紛争がおこれば、それはまったく当事者の政治的なかけひきの能力と、彼らが手にしている政治的な権力との同盟関係によってしか、決着をみない。このこみ入った政治処理の過程で、しばしば暴力が発生し、この紛争に復讐がからんでより複雑な展開をみることにもなる。

このような、アフガニスタンの政治的な状況のなかで、遠く離れた二つの牧野を確保し、すくなくとも、自分たちがそこに滞在している間は、まったく排他的な専用権を主張するということが、いかに現実的に困難で、かつ、あらかじめいかに多様な政治的対処がそのために要請されることかを知らなくてはならない。クンドゥーズやファイザバードのアフガニスタンの地方政府の役人のうち上位のもの、地方の有力者、農業省の出張機関などと、金品の贈与をともなう政治的なコネクションを保持することは必須である。

しかも、定着民からみてパシュトゥーン遊牧民が、豊かな財に恵まれた、紛争を構えるとやりにくい相手であることを事前に示しておかなくてはならない。これは、畑への家畜の食害や、小さな橋を羊群を渡している最中に壊してしまったというように、明白に遊牧民の側に非のあることがわかる状況においてさえ、賠償や金銭支払いをすこしでも有利に進めるためには、役に立つのである。被害者側の定着民側が、パシュトゥーン人ではなく、山地に住んでいて、パシュトゥーンである地方政府の役人と親しくなければ、むしろ、加害したほうのパシュトゥーン遊牧民に事態をうまく収拾してしまうチャンスがあることになる。

パシュトゥーン遊牧民の政治的優位

この北東アフガニスタンにおけるパシュトゥーン遊牧民の特権的な政治的立場は、彼らが一九世紀にアブドゥル・ラフマーン王の呼びかけに応じてその地に移住したことに始まることは、すでに述べたのでくり返さない。さらにさかのぼれば、アフガニスタン王国自体が一八世紀に成立したとき、アフマド・シャー・ドゥッラーニーが初代の王としてドゥッラーニー部族から選ばれたことに、理由を求めることができる。その意味では、確かに、パシュトゥーン遊牧民の優位は、歴史的な所与として、あらかじめ北東アフガニスタンの政治的図式のなかに埋め込まれていた。

けれどもパシュトゥーン遊牧民は、その後、自らの牧畜経営をより効率的で経済的に付加価値の高いものにしていくかという問題をめぐって、自分たちの有利な政治的位置を最大限利用し続けたといえよう。イランのカシュカーイーのように、中央政府に部族の代表を出しながら、ついには、国王の意向で遊牧を抑止された集団もいる。アフガニスタン王国は、イランとは違いパシュトゥーン人の国家であり、多民族国家ではあれ、その内実はパシュトゥーン人による他民族支配がおこなわれていた。自称のとおり、パシュトゥーン人はアフガーン人なのであった。このアフガニスタンの政治的伝統が崩れたのは、ダウド政権が倒れたときであり、国家首脳がパシュトゥー語ではなく、ペルシア語のアフガニスタン方言というべきダリー語を用いたのも、そのときからであった。その後のパシュトゥーン遊牧民の遊牧生活の変容は、戦乱のためにまったくわからなくなってしまったことは、周知のとおりである。おそらく、今日では、遊牧の社会的基盤そのものが破壊されつくしたと思われる。

バルーチュ遊牧民は、パシュトゥーン遊牧民のような政治的な力をもたないため、町や行政の中心地へ来ることもあまりなく、まして、山羊群をつれてやってくることもない。近くの農民との紛争、牧野をめぐる争い、権力者からの介入によって山羊群などをとり上げられるといった、バルーチュにとってはまったく理不尽な仕打ちを受けることを避けるためである。バルーチュ遊牧民と地方の政府との関係においては、まったくバルーチュ側は受け身であり、パシュトゥーン遊牧民のように、自らの味方につけて紛争を有利にしようというように、能動的操作的に対応できるものではない。

季節移動の意味

このようにみてくると、二つの牧野を低地と高地にもち、規則的に一年一往復をし、経済的価値の高いヒツジの地方タイプを飼養し、そのあたりのバザールにおいてそのタイプのヒツジの販売を独占して、仲買人や加工業者と同盟するといったパシュトゥーン遊牧民のカラクル・ヒツジの専業牧畜は、まさに高度に政治的な過程をへてかちとられたものであることが明らかになってくる。これは、まさに政治権力から完全に疎外されたバルーチュ遊牧民と好対照をなす、もっとも基本的な理由である。

アフガニスタンにおいて、パシュトゥーン遊牧民の高低両牧野を往復する遊牧の成立が、比較的遅く一九世紀になって成立したのは、高地の夏の牧野に対するパシュトゥーン人の政治的優位が確立されたのがそのころであることを理由としている。それまでは、ハザーラジャトではハザーラ人の遊牧民、バダフシャンでは山地タージク人の移牧民やトルコ系（あるいはトルコ化した）遊牧民が牧野を用いていたのである。アブドゥル・ラフマーン王の、アフガニスタン北東部征圧とパシュトゥーン遊牧民の北東部への移住（一八八二年以後）、ハザーラ人征圧（一八九一～一八九三年）によって、バダフシャンとハザーラジャトは、パシュトゥーン遊牧民に夏の牧野として開放されたのである。

その後も、パシュトゥーン遊牧民は、着々と政治的な折衝を続けて、自らの優位を確立していった。パシュトゥーン遊牧民の季節移動は、彼らが継続して自分たちのものとしてきた牧畜経営の既得権を、周囲の他民族の遊牧民や定住民にアピールする場であったのである。あながち、ページェントとの類比は的を外れていないのである。

政治的なものとして遊牧を考える立場は、西南アジアにおけるパシュトゥーン遊牧民の特異な位置を明らかにしてくれる。その一方で、多くの遊牧社会の現在における諸困難が、彼らに容易にアクセスすることを許さない政治権力との大きな距離に、かなりの部分由来していることを教えてくれるだろう。

遊動の社会力学

なぜ遊動するか

人類は一万年前に家畜と栽培植物を手にするまで、ずっと狩猟採集生活をおくってきた。そして、そのころ、狩猟対象の動物や季節ごとに採集する果実、根茎、花などにあわせて、人びとは遊動生活をしていただろうとされている。近い過去においては、まったく定住的な狩猟採集民が中緯度地方にはたくさんいたので、狩猟採集生活がかならずしも遊動を前提とするのではないという意見もある。

熱帯地方で周年遊動的な狩猟採集活動をしていた集団が、冬季にまったく食料を欠く中緯度地方へとその分布を広げていったとき、彼らはどうしようもなく、食料を貯蔵してそこに定住することを強いられたのではないかとも考えられる。もし、そうであれば、やはり狩猟採集と遊動の組み合わせは、人類最古の生活様式であったことになる。そして、その後の歴史に狩猟採集を圧迫し、そして、徐々に遊動民を定着化させていく傾向を認めることができる。

ただ、遊動を考えるとき、ひとつの場所にずっと周年定着できないので、その貧しい生活環境ゆえに、人間が動くことを余儀なくされているだけだという視点に限ってよいのだろうか。いわば、遊動生活は、定住するために十分な生活資源を通年確保できないところでみられる、いわば定住生活の裏の存在として、否定的にのみとらえてよいのだろうか。定住（セデンティズム）と遊動（ノマディズム）の得失を、より広い視野から再見してみよう。遊牧についても新しい発見があるものと思われるのである。

二つの生活パターン

パシュトゥーン遊牧民が夏の牧野と冬の村とでまったく異質な生活をおくっていることは、これまでも強調してきた。

夏の牧野は、まず涼しく快適で、羊群の乳が豊富である。水場もテント集落のすぐ近くにあって、日常生活の困難はほとんどなく、むしろ、避暑地の快適さである。親しい数家族だけで、緊張もなくゆっくりとした生活がおこなわれている。生活条件がよく、少人数の集団でのんびりとした暮らしがおこなわれているようにみえる。

一方で、冬の村での生活環境は、まず寒くて厳しい。乳もなければ、野菜や果物も不足がちである。秋の枯れ草集めを競争してやらなくてはならない。村には多くの家族が密集して生活しており、冬の生活の困難さゆえに、互いに協力調整しなくてはならないことも多いが、それはほかでもない対立や反目、抗争のきっかけともなりやすい。冬の村での生活は、大集団での社会的ストレスの多い暮らしだといえよう。

パシュトゥーン人は、独立自恃(じじ)の気風が強く、男は一人ひとりが皆頭目(ハーン)という意識が強い。自らの出自集団の大きさや政治的な力、個人的な財力や能力によって、男性一人ひとりの手にしている発言権や行動の軽重には変異があるが、男は皆強い誇りと自己達成の意欲をもっている。社会的には、男は自分や自分の家族の誇りや財を守るために、それに対して脅威となるものに対して十分に攻撃的であることが、社会的に期待されている。男の子がケンカに負けて、泣いて母親のところに帰って来ると、母は「お前はパシュトゥーナ(パシュトゥーンの女)の乳で育ったのではないのか」と叱咤(しった)して追い返すといわれる。

困難な冬の生活

このようなパシュトゥーン人の社会心理を考えると、冬の村における遊牧民の生活がいかに困難なものであるかがわかる。冬の村のなかでの協力についても、男たちは、複雑な人間関係のもつれあう村のなかにとどまっていなければならないために、細心かつ慎重に対応せねばならない。些細なことで紛争をおこしたり、大勢の家族と反目してしまうことは、その後の牧畜生活について取り返しのつかない不利を背負うことになるのである。決定的な言い争いや暴力は、その後に、危険な紛争の火種となり、男やその家族の安全に大きな不安を残すことになる。

冬の村では、秋の枯れ草集めから、競争、折衝、話し合い、妥協、協力が必要になる。どの人脈で人手の調達をおこなうか、どの地域で草を集めるか、村のどこに枯れ草の山を確保するかなど、多くの問題がつぎつぎと立ちあらわれる。人間関係についても、いろいろな不協和音が入り込んでくる。夫婦間の不和というようなありふれた問題が、複雑な波紋を投げかけたりする。というのは、多くの結婚は、父方平行イトコの間でおこなわれるからである。夫の父と妻の父が、兄弟関係にある結婚のことである。そして、この結婚は、婚資やいろいろな手順を省くために、姉妹交換婚のかたちになっている。AはBの妹と結婚し、BはAの妹と結婚している、というように。そして、多くの場合、Aが妻（Bの妹）を殴ると、その妻は兄Bに言いつけてその妻（Aの妹）を殴らせるといったことがおこるのである。

しかも、パシュトゥーン遊牧民だけにかぎらず、パシュトゥーン人一般で、父方の男のイトコ同士の競争はひときわ激しい。父方の男のイトコのことをタルブールというが、ときとしてタルブールは敵という意味にさえなる。男の兄弟間の団結は非常に強いが、つぎの世代においては、タルブール間の敵対競争関係がしばしば父系集団を分岐させていくのである。そして、さきほどの例のAとBは、まさに、このタルブールの関係にある。夫婦ケンカがただの夫婦ケンカに終らないのは、このためなのである。

パシュトゥーン遊牧民の冬の村での人間関係の複雑さは、AやBの子供たちにとって、オジオバ、あるいは祖父母がどれくらいに込み入った個人的感情や愛憎で結ばれるかを考えてみれば明らかであろう。そしてこの状況は、AやBについても、その上の世代についても、ずっと分かちもたれてきたものなのである。

快適な夏の生活

こうした複雑な社会関係と親族関係の網目、困難な生活環境と、ときどきに要求される各種の決断は、パシュトゥーン遊牧民にとって、冬の村での生活を忍耐やストレス、閉塞感を強いるものにしている。これに対して、夏の牧野での生活は、親しくて気心の知れたものばかりの少人数での開放的なものである。夏の牧野での生活の本当の快適さは、冬の村で厳しいトルキスタンの冬をじっと耐え、その羊群を無事に越冬させせ、カラクル羊皮を売って、一定の収入をえたあとにこそようやく実感されるものといってよいだろう。

夏のバダフシャンのシワ高原における牧畜生活は、冬の村での暮らしとの対照的な違いによって、より魅力的なものになる。遊動は、これらまったく異なる生活のあり方を一年のうちに結びつけるものなのである。そして、遊動によって結びつけられる二つの異なる生活の相は、互いに大きく相違するゆえに、もう一方の生活の相の意味をはっきりとしたものにさせる。冬の村での生活ゆえに夏の牧野の日々は希求され、夏のテントでの暮らしがあるゆえに、冬のトルキスタンでの越冬が受け容れられるのである。

二つの社会相の違いが、互いにもう一方を活性化させるという点にこそ、遊動の社会力学のもっとも重要な原理がかくされている。それは、たとえば、パシュトゥーン遊牧民にとって、夏の牧野での日々が冬の村での緊張とストレスの多い生活の息抜きになっている、という理解よりも、遊動で結ばれた夏営地と冬営地をひとつのまとまりとする遊牧生活の全体像の実相をより正しく開示してくれる。

ひとつの社会が、二つの相異なる相をもつ例を組織的に研究したのは、おそらくマルセル・モースがはじめてであったろう。彼は、そうした社会のもつ二つの対照的に異なる相が、互いにもう一方の相の意味を明らかにし、相互に他方を活性化し、ひとつの社会の存続に必要不可欠な本質的な重要性をもつことを示した。まさに、パシュトゥーン遊牧民の遊動は、この典型を例示するといってよい。

バルーチュのヤギ遊牧民にとっても、夏のナツメヤシ・オアシスへの寄食は、明らかに、彼らの一年の遊動生活においては、ひとつのとくに色あいの異なる相をつくっている。彼らは砂漠の生活世界のなかでは普段経験しないナツメヤシのオアシスのなかに立ち入り、そこの小作人や小作人を統括する農夫らに接触する。家畜が勝手に立ち入らないように厳重に囲われたオアシスでは、その柵に何ヵ所か人間だけが出入りできる戸口がつくられている。そこに一歩入ると水が流れ、豊かなナツメヤシの木蔭と緑の作物や果樹が満ちる、砂漠とまったく異なる世界がある。

たとえ砂がついていても、ソルガムのパンとせいぜい野菜か乳製品という食事に比べれば、完熟したナツメヤシの実の甘さは、ヤギ遊牧民にとっては格別のものである。そして、その夏の間だけ、ナツメヤシ・オアシスの外縁で別の方面からやって来るヤギ遊牧民の集団と出会い、何十日間か近接して生活する。情報の交換や新しい社会関係の芽生えるチャンスでもある。そして、同時に、バルーチュ遊牧民にとっては、オアシスの地主の若者たちが女性成員になにかといって近づくことはないかと気がかりなこともおこる。

オアシスに、あるいはそのオアシスの近くに町や行政の中心地があるときには、バルーチュ遊牧民にとって、オアシスへの寄食は、また別の仕事のためのきっかけともなる。砂漠のなかでほとんど孤立している夏以外の時期と、この夏のナツメヤシ・オアシスに接してすごすバルワル（果実を食べる人たち）としての生活の相は、やはりまったく異なり、パシュトゥーン遊牧民の夏の牧野と冬の村との対照的な違いと同様の意味をもつものと思われるのである。

潤滑油としての遊動

パシュトゥーン遊牧民の場合はとくに、そしてバルーチュ遊牧民の場合もかなりの程度、遊動を軸にして対極的といってよいように相異なる二つの社会の相をつくり、それらが相互に他方を意味づけあうことによって、社会がいきいきと息づくように遊牧社会は成立していることが示されている。パシュトゥーン遊牧民については、このことによって、社会的な緊張や人間関係の不和、競争や協力にともなう紛争やストレスを回避あるいは解消しているらしい、社会的な機能をうかがい知ることができる。

遊動自体の困難や危険にもかかわらず遊牧民が遊動生活を維持しているのは、彼らが自ら主張するとおり、彼らの保有している家畜群のためであることは確かであろう。しかし、それがそのすべてだろうか。一年に二回あるいはそれ以上の頻度で、遊動というかなり大変な仕事をこなさなくてはならないにもかかわらず、誇りと優越感をもって、遊牧民がよく口にする動くことの自由や楽しみは、何なのだろうか。それは、あるいは、遊動を軸とした社会力学のメカニズムを、情緒的に表現したものなのだろうか。

柔軟な社会構造

拘束されない家畜

遊牧社会の特徴は、おそらく牧畜を主生業として遊動するという二つの要素の不可分なからまりあいのなかに見出されるだろうことは、推測がつく。しかし、ほかの諸社会にはあまりみられず、しかも、遊牧社会にはかならずみられる社会的特徴を、はっきりと指摘することは容易ではない。家畜を飼うことと、遊動することに焦点をあわせて、遊牧社会の特質について考えてみよう。

遊牧民の家畜飼養の大きな特徴は、家畜を拘束しないことだといってよいだろう。遊動という要素との関係から、むしろ、家畜は人間とともに動くことのほうに重い意味がおかれているようにみえる。これまで中心的に扱ってきたパシュトゥーン遊牧民もバルーチュ遊牧民も、家畜を飼うための畜舎や家畜囲いの類をいっさい用いない。パシュトゥーン遊牧民については、例外的に、当歳の仔ヒツジのための石の家畜囲いが夏の牧野につくられていることがあるという報告がある程度である。

家畜群を放牧しているときには、牧夫がつき添っている。パシュトゥーンではシュプンとチョカルの二人一組、バルーチュの場合は少年が何人かであったり、成人の男性が一人であったりいろいろである。そして、かなり見通しのよい低い草丈の原野や氾濫原で放牧する。こうしたいたって日常的な放牧においても、ときに、群の一部がはぐれていなくなることがある。牧夫が放牧の途中で気づくこともあるし、ときには、キャンプやテント集落などに帰ってからわかることもある。

行方不明の家畜探し

牧夫も、群の所有者も群の頭数を覚えているだけではなく、個々の家畜の顔つきや体色や特徴を知っている。そして、群のなかでいつもかたまって行動している個体の集合や、よく行方不明になる個体なども知られている。群の一部がいなくなっているのがわかると、すぐ、その場で探索が始められる。キャンプやテント集落などで手のあいている男は、すべて動員される。夜暗くなっても、いなくなった集団あるいは個体を見つけるまで、探索は続けられる。

一晩かけて発見できないと、ほかの村や集落の人たちによって捕捉された可能性が強いし、ジャッカルなどに食べられてしまう可能性も大きくなる。多くの場合、夜中ごろまでには、失踪していた群の一部や個体は回収され、全員ホッと一息つく。しかし、とうとう回収できないということもありうる。しかも、この家畜群の一部がいなくなるという事態は、放牧中でもけっしてまれなことではない。

夜、群が眠りにつくのも、まったく柵や囲いのないところである。いったん寝た家畜群が、空腹やいろいろなきっかけで、再び夜中に動き出すことがある。夏の夜間放牧では、これは当然予想される事態なので、パシュトゥーンの牧夫はそれに備える。しかし、家畜群のすぐ横で牧夫たちが夜を明かすとはかぎらない。そんなときに、家畜群がいなくなる。夜中、何時間かごとに見まわることになっていて、そうしていれば問題なかったはずなのに、牧夫や当番の男が寝過ごしたりしてこれを怠ったときにかぎって、群がいなくなってしまう。やはり、こんな時にも、早朝暗いうちから、男たち全員が家畜群捜しに狩り出されることになる。このような群の捜索もまた、まれであるとはいいがたい。

これほど頻繁に、家畜群の一部あるいは全部、そのうちの一個体が失踪するのであれば、そのために必要な手段を講じるのが当然ということになる。放牧中の一部の失踪は、牧夫の注意にかかわっていてどうしようもないにしても、夜間に家畜群がどこかへ行ってしまうというような事態は、比較的容易に避けられそうに思われる。支柱と目の粗い網があれば、移動時には持ち運べる、ごく簡単な家畜の柵をつくることができる。しかし遊牧民は、まったくこうは考えない。

家畜への信頼感

そして、家畜がいなくなると皆で捜しに出かける。くり返しくり返し、いなくなった家畜捜しである。トルコのユルック遊牧民について、「遊牧生活は失せもの捜しの連続である」という表現がおこなわれるくらいなのである。そして、いなくなった家畜捜しはいつものことであるから、淡々とおこなわれる。そこには、なにか、いなくなっている家畜についての牧民の信頼感のようなものさえ感じられる。

地中海に面するイタリアやギリシアでは、牧夫は、仔ヒツジを授乳しながら自分で育て、すこし大きくなると首に綱をつけて、右、左、止まれといった命令を与えて言うことを聞くように訓練する。やがて、このヒツジは大きくなって、羊群の先頭に立って牧夫の命令を聞いて従い、群を先導する役を果たす。あるいは、イギリスの北部の牧畜地帯のように牧羊犬を飼って、それを助手がわりに用いれば、放牧中に群の一部がいなくなるというような事態はかなり避けられそうに思われる。放牧の労力もかなり軽減されそうにみえる。

ところが、西南アジアの遊牧民は、まったくといってよいくらいこのようなことをしない。牧夫は半年あるいは一年単位で契約され、つぎつぎ交替するため、牧夫の声に反応するような先導ヒツジはつくりえない。西南アジアの遊牧民のところにもイヌはいるが、とても牧羊犬といえるようなものではない。非常に獰猛で、自分の属するテント集落くらいの範囲の成員にはおとなしくしているが、それ以外の人間には猛烈な攻撃を仕掛ける。近くを通り過ぎる車を追いかけて、体当たりするほどである。牧夫たちの持っている杖もこのイヌに対処するものであることは前にふれた。

夜間放牧でも、冬の村での放牧でも、イヌは牧夫と羊群について行くかどうかを〝自主的に〟きめる。牧夫の側もイヌの自主性にまかせていて、放任している。いつの間にか群の近くからいなくなって、ほかの群を放牧している牧夫に吠えかかって困らせているようなこともある。イヌには名前さえつけられていないので、人間の側とイヌの側に一定の距離があり、すくなくとも、イヌを調教して完全にいうことを聞かせようという意図は牧民の側にはない。

ラクダでも、前脚二本を短い綱で結んだり前脚の一方を折ったかたちで縛っておくことはあるが、ラクダは自由な脚でぽつぽつ自分の好きなところへ行ってしまう。何日も放置しておくと、これまたどこへ行ったのかを探し出すのに時間が必要になる。パシュトゥーンは、夏営地ではウマを水場の近くにまったく放し飼いにしているが、冬の村ではさすがに家の近くにつなぐ。

ベドウィンのラクダ

アラビア半島のベドウィン（アラブ）遊牧民について、ラクダに関するおもしろい報告がある。ベドウィンでも、やはり、ラクダはかなり放任されているらしく、とくに、気候が悪くて牧草の育ちの悪いとき、彼らはラクダの群の放牧をやめて、ラクダが好きなところへ行くにまかせるというのである。ラクダは自分自身で、豊かな牧草のあるところへと移動していく。そして、天候が回復して、自分たちの牧野が緑になったとき、人びとは自分たちのラクダを捜しに出かけるのだという。ベドウィンたちは、ラクダの色や年齢、性別についての語彙をたくさん共有しているので、聞き込みをしながらラクダを捜し出して回収していくことは可能であるというのである。

これなどは、まさしく、遊牧民の側がラクダの本来の性格や能力を厚く信頼していることの例となるであろう。別の、やはりベドウィンの遊牧民についての報告は、いなくなったラクダ捜しが、彼らにとっては一種の社会関係の創出に役立てられているのではないか、と示唆する。

いなくなったラクダを探しに、男たちは思い思いにラクダに乗って出かけていく。いなくなったラクダが西のほうへ行ったというのに、東へ向けて出発する男もいるくらいだという。要するに、途中出会ったテントを訪問し、自ら名乗ってテントで接待を受け、その主人と新しい社会関係をつくることのほうが、ラクダ捜しの本来の目的と思われるほどであるという。もちろん、ベドウィン遊牧民はパシュトゥーン遊牧民と同じように客人歓待を大きな徳のひとつとしており、通りすがりの男でも、主人が一頭ラクダを屠(ほふ)ってもてなそう、というのを辞退するのに大変らしい。しかし、こうした儀礼的な優待と辞退から始まって、二人の間には徐々に新しい人間関係が築かれていくわけである。

ラクダを捜しているのが青年であれば、新しいテントとの遭遇は、未知の女性との出会いにつながる可能性を秘めているということになる。ともあれ、この場合にも、失踪したラクダは自分で生きていて、いつか回収できるというラクダへの信頼感が先にあることは確かであろう。

ゆるやかな家畜管理

遊牧民とその家畜との関係をみていくと、いくつか興味深い特徴がみられることに気づく。遊牧民は、家畜を調教したり、本来の性格を人間の都合のよい方向に強制的にたわめることはしない。それが、牧畜生産の効率化や放牧の省力化に明白につながると思われる場合でも、彼らは自分たちの家畜の本来の性質を尊重し、その自主性にまかせる。むしろ、人間の側が家畜の行動にあわせるかのような状況がみられる。

牧畜生産のもっとも重要な前提となる家畜管理について、遊牧民はそれをきっちりとおこなおうとしているようにみえない。放牧中あるいは夜間の群の把握についても、そこでおこりうる失踪や失敗の可能性をなくすために、家畜の本来の行動を制限する方策はいっさいとられていない。そして、これは放牧家畜についてだけではなく、イヌやラクダなどについても一貫してみられる、遊牧民らしい家畜管理の特徴であるということができるだろう。動物の管理を厳しくして、人間の意のままに動物を動かすのではなく、動物を自由に行動させて、それに人間の側が従っていくというのが、遊牧民の動物管理の基本のようにみえる。動物管理は、動物の自主性を認めるかたちで、ゆるやかにしか組織化されていないといってよいだろう。

このように、家畜管理だけがとくにゆるやかに組織化されているというわけではない。遊牧民の家畜への対応が、いかにも柔軟で、動物の自主性を尊重しているようにみえるのと同じように、いたって柔軟な対応が遊動生活の組織化にも認められる。

パシュトゥーン遊牧民においては、冬に大きな村で集住し、夏の牧地では数家族のテント集落をつくって散開することはさきに述べたとおりである。放牧をはじめとする生活の困難が、冬の村での集住をうながしたともいえるし、逆に、夏の牧野における共同協調の不要な豊かな生活条件が、数家族の分散した生活を可能にしたともいえる。とにかく、冬と夏によって、彼らが生活する社会集団の大きさが著しく変化する。

テント集落の分裂と合流

冬の村での社会集団は大きく、いくつもの男系の出自集団に分かれ、父方平行イトコ婚を中心にするとはいえ、いろいろな範囲のイトコ婚や父系集団内、ときには父系出自集団外との婚姻関係をとおして、複雑な関係がとり結ばれている。各父系出自集団をいろいろなレヴェルで代表する長老たちによって、必要なときにはジルガとよばれる話し合いがもたれ、多岐にわたる議題が討議、決定されていく。こうした制度は、夏の牧野へ移動している間は機能しない。しかし、移動の順序など、あらかじめ打ち合わせの必要なときには、各テント集落の代表者が出向いて、小さな会をもつ。

冬の村での社会的な過程において、テント集落という単位がとくに重要な意味をもつわけではない。もっとも、テント集落を構成する家族はほとんどあらゆることに関して、意見を同じくし、まとまっていることは確かである。パシュトゥーン遊牧民の基本的な社会単位をどちらに認めるかは、議論が分かれるが、冬の村が基本であって、夏の間、その単位が分裂拡散するとみることが妥当なようにみえる。冬と夏とで社会生活の単位が変わるのである。

パシュトゥーン遊牧民の牧畜生活をより詳しく検討していくと、家畜群と牧夫が群所有者の家族と分かれたり合流したりする現象が、春と秋の二回の移動時の前後にみられることがわかる。とくに、冬の村の近くの牧野で枯れ草集めがおこなわれている間、牧夫にともなわれた家畜群は、夏営地と冬村の間あたりでかなり長期にわたって家畜群所有者と別に放牧されていることがある。ときには、冬になって雪が降るようになるまで、この状態を続けている例もある。

バルーチュのヤギ遊牧民の場合、テント集落の分裂や合流は、より頻繁で、より不規則におこなわれる。マクラーン地方においては、もっとも大きな傾向としては、夏のナツメヤシの収穫期であるアーメン（七月から一〇月ごろまで）に、女性や子供、老人がオアシスの近くに滞在することはすでに述べた。この間、ヤギの群と牧夫は、遠くの牧野を遊動している。まれにしか、テント集落の近くにはやって来ない。また、成人男性で、ラクダによる運搬や別の賃労働についているものは、すくなくとも山羊群とも別のところで働いている。この傾向は、夏以外にも存続する。

アーメン以外の季節、基本的にテント集落は、その専用の水場と牧野のあるあたりを中心にして、小さな移動をくり返している。出かけて町や行政の中心地の近くで賃労働をしていた男たちや、ラクダで別の地域の運搬業をしていた男たちも、テント集落に戻るときには、この専用権をもっている水場と牧野をめざして帰ってくるわけである。山羊群もとくに牧野の状況が悪くないかぎり、その周辺で日帰りで放牧されていることが多い。

マクラーンのバルーチュ遊牧民の場合、その社会単位はほぼ明確にテント集落であるとみてよい。そして、この社会単位が、夏の間のナツメヤシ収穫期はオアシスの近くに、それ以外の季節は、自分たちの本来の放牧域に生活する。本来の放牧域は、だいたい涸(か)れにくい水場と、その近くの条件のよい牧野とのセットとして考えられている。

しかし、一年中あらゆる季節をとおして、成人の男たちは、ラクダを用いるにせよ用いないにせよ、いろいろな種類の経済活動に従うためにテント集落を離れる。テント集落の男たちのほとんどが雇われたりすると、テント集落自体も男たちについて、彼らの仕事をしている場所の近くに移動していくこともある。遊動のときどき、社会単位はいろいろに分裂し、ときに合流するというかたちになる。これは、雨が降らずに牧野の条件が悪くなったりする、自然条件に対応するためにも、賃労働をえる都合といった社会経済的な理由に対応するためにもおこなわれている。

人と家畜への柔軟な対応

インドのグジャラートやラージャスターンの遊牧民においては、遊動している最中におこる、定着的な農民や牧畜カーストとの接触によって、その抵抗が大きいと集団を小さくしていく。これは、社会集団を小さくするためというよりも、その結果、彼らがつれている家畜群が分割されて小さくなり、定着的な農民や牧畜カーストからの、地域の牧野に損害を与えるといった抵抗や抗議が軽くなると考えておこなわれる措置である。

北東アフガニスタンにおけるパシュトゥーン遊牧民においても、バルーチスターンのマクラーン地方のバルーチュ遊牧民においても、遊動の過程をみていくと、社会生活をしていく集団の大きさや構成をその途次で変化させていることがわかる。自然環境、牧野の状態、社会経済的な機会といったいくつもの条件にあわせて、遊動している集団が、そのときどきの生活にもっとも適したかたちにつくられている様子を知ることができるのである。遊動という軸をとってみても、遊牧民の社会は、いろいろな外部の条件に対応して、自在に社会単位の大きさや構成を変化させることができることがわかる。遊牧社会の遊動を軸としたこのような柔構造は、その生産基盤が家畜の飼養におかれているゆえに可能になっていることを見逃すことができない。

すなわち、家畜との関係、とくに家畜飼養において家畜の自主性を大切にする遊牧民の対応は、遊動時におけるいろいろな条件への人間側の柔軟な対応と通底しているといえるのである。それは、あくまでも遊牧民の側が、家畜の行動に対してであれ、遊動時の各種の条件の変化に対してであれ、これに柔軟に対応することによって遊牧生活を成立させていることを示している。牧畜についても、遊動についても、社会編成についても、一貫してこのような柔構造が認められることは、強調されてよいであろう。これは、遊牧民自身が、家畜をともに動くものとして社会の内側へ受け容れることによってのみ、遊牧生活が可能になることをよく知っているからだとみてよいのかもしれない。

現代社会と遊牧民――エピローグ

遊牧民のロマンティシズム

遊牧とか遊牧民という言葉は、われわれをロマンティックな夢想に誘う。自由気ままな遊動、好きなところでの宿営、豊かな家畜群との暮らし、そして、冒険と出会い、砂漠とオアシス……。これまで描いてきた北東アフガニスタンのパシュトゥーン遊牧民についても、バルーチスターン沿岸部のマクラーンのバルーチュ遊牧民についても、彼らの生活は、そんなロマンティシズムからは程遠いものであった。彼らの遊牧生活は、それまでの自分たちの所与としての歴史的で政治的な枠組みをふまえて、パシュトゥーンのようにその枠組みを可能なかぎり展開しようとするにせよ、バルーチュのように残された可能性を何とかうまく編成して生活を成立させようと努力するにせよ、彼らが生きる現実の社会状況との不断のやりとりのなかでかたちをなしたものであった。

とはいえ、彼らの移動に立ち会うと、やはり一種の感慨を禁じえない。パシュトゥーンのように一枚に縫った大きな布をテントにしている場合には、どうしても駄獣としてのラクダが必要だが、それでも、一家族のテントとその支柱類を含めて、家財いっさいが一頭か一頭半のラクダの背の上に載ってしまうのである。バルーチュ遊牧民の場合など、もっとコンパクトで軽く、ロバ一頭で十分なこともあるほどである。

あまりに多くのものを持ちすぎ貯め込みすぎ、そして、定着する場を所有することに執着しすぎているわれわれの文明病を痛切に意識するのは、遊牧民のじつに軽やかな移動を見るときであろう。しかも、彼らは、自分たちの炉のあとと家畜の糞くらいしか、テント集落のあとに残さない。われわれは自分たちについて考えるために、いくらでも遊牧民についての観察を用いることができる。われわれは、われわれ自身の文化についての悲観でも文明論でも処世訓でも、遊牧社会の断片を援用しながら、自由に展開することができることだろう。しかし、本書の本来の意図は、遊牧あるいは遊牧民とその社会について、より個別具体的な情報を伝え、その全体像を提示してみることにあったはずである。したがって、ここでは、もうしばらく遊牧民の具体的な生活についての知見により密着して、現代社会における遊牧、あるいは遊牧民について語る努力をしてみたい。

そのために、遊牧あるいは遊牧民について、まったく相反する二つの極から検討を始めることにしよう。一方の極には、おもにこれまでとりあげてきたような、現実に存在している人びとの生活の様式としての遊牧がある。もう一方の極には、まったく理念としての遊牧あるいは遊牧民という概念がありうる。本書で最初にあげた遊牧民についてのロマンティシズムは、この両極を混ぜあわせたものとして位置づけられよう。理念としての遊牧民は、ときにノマッドあるいはノマドというカタカナ書きで、思想や哲学、政治学などの分析に登場する。

実在としての遊牧民

現実に存在する遊動をしながら牧畜をおこなうという生活様式は、もはや完全に時代遅れになって、近代化からとり残されがちな砂漠の辺縁にかろうじて残存しているにすぎず、消えつつあるものなのだろうか。残念ながら、確かに、そのようにみえる。国家が政策的に砂漠の緑化をはかって植林し、砂漠の近くに井戸を掘って旱魃に苦しむ農民を支援するようになると、それまで以上に、遊牧民は遊牧民として生きていくことが困難になる。植林や井戸の掘削は、かならず牧野として好適な地域でまずおこなわれるからである。それまで、遊牧民が自由に使用してきた牧地は、国有地や定着的な農民の専有地となっていくのである。そして、公的な規制や法的措置について無知な遊牧民は、なすすべもなくそこから締め出される。

しかし、このような現在進行中の遊牧民の生存条件の悪化は、遊牧生活の意味を十分に斟酌（しんしゃく）した政策立案によってもたらされたものとはいえない。ほとんど一方的な、遊牧生活の存在の無視から始められた、まったくの机上のプランに発しているか、せいぜい政府であれ農民であれ、定着民の都合による施策の結果だということができる。時代遅れときめつけるのではなく、遊牧生活のもつ可能性を考えてみる必要がある。

遊牧民の人口と彼らの家畜群のサイズを適正に保持するならば、遊牧生活は砂漠周辺部の生態系にとって、もっとも負担のすくない牧畜生産の様式とみることができる。問題は、この環境への負荷を最小にする管理が、遊牧民の経済生活とどのように折り合いつつおこなわれうるかであろう。おそらく、そのためには、家畜を随時適切な価格で買い上げることのできる支援システムが必要になる。なぜなら、ヒツジやヤギという家畜はかなり急速に増殖しうるし、砂漠の辺縁においては、降雨をはじめとする気候条件が不規則に変動しやすいから、このような支援システムはどうしても必要なのである。これがないと、遊牧民の家畜群が砂漠の辺縁の貧困な植生を根こそぎにして砂漠化を加速させるか、遊牧民の生存が困難になる。

しかし、こうしたシステムは、おそらくは、単一商品の大量生産をモデルとする近代的な牧畜業に対抗することができない。もし対抗しうるとすれば、遊牧民の育てた家畜を、人工的な環境で量産された家畜から、差異化して商品にできる場合にかぎられよう。高価でも、「ラージャスターン・ヒツジ」や「アフガニスタン・ヤギ」が消費者に受け容れられるという市場環境が必要であり、当然、今のところこれは夢の話である。このような条件つくりは、まだまったくおこなわれていないし、今後を考えてみても、早い時期におこなわれるとは思われない。

地球の環境のために、生物種の多様性を維持することの必要性は早くから論じられてきた。珍しくなってしまった動・植物は、別に人間に直接役立っていなくても、美しくなくとも、なるべく保護したほうがよいという発想は、一般にも受け容れられるようになってきている。しかし、この地球上でもっとも影響力の大きい人類という種の生活様式が、おそろしいまでに単一化しようとしているときに、砂漠の辺縁の遊牧的生活が失われることに、まったく意を用いないというのは、矛盾しているように感じられる。

アクション・プログラムに組み立てるはるか前の段階の思考実験として、乾燥地方に残っている遊牧的な生活様式の今後のありかたをいろいろと構想する必要があろう。すでに、モンゴル遊牧民については、一種の観光との接合がはかられているかの状況になってきている。このような遊牧民の今後を構想するためにも、そして、いったん進み始めると猛烈な速度でおこなわれる現実の変動に先を越されてしまう前に、今日の遊牧社会とその変容について、具体的で詳しい研究が必要なのである。

理念としての遊牧民

現実に、遊動しながら牧畜をおこなっている遊牧民についての研究成果の蓄積は、はなばなしい理論化をおこなえるまでにはすすんでいない。これは、彼らの生活と同じくらいに、あるいはそれ以上に、外部の人間が彼らと生活をともにしつつ、彼らについて知ることが困難なことにまず由来している。同時に、その消滅の速さにも。しかし、このような遊牧民に関する民族誌的研究の現在とは別に、フランスなどの思想、哲学の専門家の間でノマドという概念がよく用いられる。フランス民族学の研究者は、イラン系、トルコ系、そして西アフリカの遊牧民についての民族誌的研究の先端を担っている。そして、遊牧民のみならず、牧畜をおこなわずに各種のサービス業や製造販売業などに携わる遊動民についての研究で、まったく新しい地平を拓(ひら)いてきた実績をもっている。

しかし、哲学や思想の分野での分析において用いられるノマドの概念規定は、まったく、現実の遊牧民の民族誌とは交叉しない。ノマドはもともと遊牧民ではなく、遊動民であるし、哲学や思想の分野では、むしろモナド（実在を構成する究極の単位で、ライプニッツのモナド論が有名）のほうに近いのではないかとさえ、感じられる。

あとにみるように、おそらく生業内容を規定する牧を除いた、遊のみの遊動民のほうが、今後の社会とのかかわりを議論するには好都合であろう。牧畜は、現代社会のなかでは、動物を用いる製造業となってしまっているからである。そこでは、肉でも乳でも獣毛でも皮革でも、いかに均質で安価なものを大量に生産するかが中心の問題となっている。先進国のためにこうした素材を供給する途上国においても、より強い経済的効率性が追求される。

牧を除いた遊牧民については、ジプシーのような存在が古くから知られている。遊牧民とのかかわりでは、遊牧民につき従って特定の機能を果たしていた系譜伝承集団、鍛冶屋集団などについても研究されてきた。しかし、村から町へ、田舎から都会へ、そして、政治区域を越えての人間の移動は、近年とくに頻繁になっていて、この移動そのものに着目する人類学的研究もおこなわれている。現代という時代とその近未来について、この移動するノマドを手がかりに考えてみようという立場も、けっして根拠のないものではない。しかし、高い抽象度をもっておこなわれる哲学や思想の思考実験においては、ノマドは純粋な概念の道具になっていく。そして、ノマドには、まったく現実の遊動民の存在の片鱗さえ投影されず、思想をつむぎだす人たちの思考の乗り物になりきっているようにみえる。

ジャン＝ポール・サルトルが、クロード・レヴィ＝ストロースの『親族の基本構造』と格闘しながら、『弁証法的理性批判』をたち上げた思考と経験の配置図はそこにはもうみられないのである。サルトルは、大部で難解な『親族の基本構造』を読みこなして、静態的で歴史的な変化が微細にみえる「未開社会」の人たちの社会的な営みを実践的惰性態とみなし、歴史と思惟と実践という運動のなかにあたかも歴史の運動からとり残されて沈澱しているものであるかのように性格づけた。レヴィ＝ストロースが、これを『野生の思考』のなかで、「未開社会」の真の存在意味を無視する知的食人だと非難したのは有名である。これは、簡単に要約すれば、歴史を人間的な実践的「参加」の総体としてみようとするサルトルらの歴史観の根底を問う論争に発展した。それは同時に、ルイ・アルチュセールらのより脱＝人間主義的な歴史観に強い照明を当てることになった。通常、実存主義と構造主義の歴史認識の対立としてとらえられる論争であるが、その裂け目からは、哲学と人類学（民族学）の学的基盤と構成の大きな隔たりがほの見える。それにもかかわらず、両者が、共通の議論の論理空間をつくろうと努力していることは明らかで、複数の学問領域間でとり結ばれた論争のなかでは、もっとも魅力的で生産的なもののひとつとして、今日においても十分評価できるものであった。

遊動民という概念が、一種の思想的魅力をもっているとすれば、人間世界の今後が、一種のボーダーレス化を迎え、社会生活のそれまでの規矩（きく）が乗り越えられるという思想的な予見があるからかもしれない。しかし、現実的には、国家という枠組みは細分されたり統合されたりして変動する傾向があっても、その拘束力はけっして小さくなっていくようには考えられない。逆に、民族や宗教といった枠組みはこれまで以上に人間を拘束して、ボーダーを強化しているようにみえる。国家という枠組みが揺るがされるときには、かわりに、こうした新しい枠組みが登場する。全体として、人間の地球の上での動きは、むしろそれほど自由度を増して遊動化するようにはなっていないのではないだろうか。

情報化社会と移動

近年、先進国を中心に、電子機器と通信がめざましく発展した。世界のどこについてであれ、大量の情報が瞬時に入手できるようになってきた。人間の側が動かなくとも必要に思われる情報は入手できるし、たとえ動けなくとも、思うように情報を受信発信できるようになっている。もはや、人間が地球規模で動く必要はないのではないかとさえ思われる。人間の遊動は、現代社会においては、もうたいして意味をもちえなくなってきているという印象すらありえよう。

しかし、実際のところ、そうではない。

届けられる情報が多くなれば多くなるほど、人間が現地に行くことを要求するようにみえる。それは、情報量が増加し、情報の自己肥大のような状況を呈したとき、もっとも必要なのは、その情報を評価することにつきることになる。たとえば、電子情報の海のなかでは、発信者や情報源の信憑性、意図、バイアス等が不明になってしまい、情報量の多寡があたかもその評価であるかのような状況がつくり出されることがある。かえって、知りたいと思っていることについて二次的三次的な情報を区別して、求めている情報を評価するためには、その現場に立つことが必要になるだろう。

そして、情報の地球規模での偏りは、とても無視できない。日本において、五〇〇万人もの人たち（何と、二五人に一人）が、*i*モードの携帯電話を所持して、電子メールを発信受信している。しかし、その一方の途上国においては、通常の電話機さえ二五〇人に一台しか配備されていないという状況も珍しくない。こうした地球規模の情報環境の不均質さは、今後おそらく大きくなっていくばかりであろう。

電子情報の氾濫の一方では、まったく基本的な情報が欠如している。そして、氾濫する電子情報にのみこまれている人間には、その情報の海こそがリアルな地球に思われてしまうことだろう。人口の一％に満たない富裕なエリートだけが、インターネットにアクセスできるような途上国の現状へのイマジネーションは、先進的な電子情報の海のなかではまったく窒息させられているに違いない。

こうして、やはり人間自身の移動が必要になる。政治にせよビジネスにせよ、結局、なにかを決定する主体が現場に行くことは、これからもその重要性を減らすことはないだろう。現場というのは現地ばかりではない。それは、重要で中枢的な情報を大量に蓄積している人間（たち）でもありうる。

電子機器のひとつの目標として、ウェアラブル（身につけられる）ということがいわれる。家庭用電話機で重さ四〇グラム、赤ちゃんの掌サイズのものがもう開発されているという。小さなレシーバーとマイクがついていて、ポケットに入れておけば両手を自由にして通話できるわけである。パーソナル・コンピューターも携帯電話も、ますます小型軽量化されるだろう。これは、明らかに人間の側が動きまわるときに、大きな助けとなる技術の革新である。大量の情報蒐集や整理よりも、かえって、このウェアラブルな情報機器こそが、個人にとっては、再び遊動する必要に迫られたときに大きな意味をもつことになるように思われる。

現代日本の風俗でも、若者が車のなかで寝泊りして住所不定になったり、高校生が携帯電話で家とは連絡をとりつつ親にわからないところを遊び歩いたりということが報道されている。しかし、こうした大量の情報の洪水のなかを波のように過ぎていく流行現象は、どうも遊牧や遊牧民の遊動とは本質的に重なるようにみえない。むしろ、情報過多の世界のなかで、リアルなものを求めて自分で刻々の判断を迫られる状況を想定するなら、遊牧や遊牧民は、まだ多くのことをわれわれに示唆してくれそうに思われる。

あとがき

一九七八年の六月、初めてアフガニスタンを訪ねた。このときの西南アジアの第一印象は、強烈なものであった。到着翌日の朝、ホテルのレストランに朝食をとりに入ると、堂々とした髭の男性の給仕が、器用とはいいかねる手つきでテーブルに花を活けていた光景は忘れられない。女性を、外部の人間の眼から徹底的にかくすイスラームの文化に出会ったのも、これが初めてであった。

その七月、パシュトゥーン遊牧民たちの夏の牧野を訪ね、長い長い西南アジア遊牧民とのつきあいが始まった。この調査のごく初期に、生態学的な適応としてのみ遊牧民の移動をとらえることについての疑念を感じた。本書のライト・モチーフのいくつかの起源はこの疑問にさかのぼるといってよい。

一九八五年から本格的に始めることができたパキスタンのバルーチスターン州マクラー

ン地方のナツメヤシ・オアシス群の調査でも、バルーチュ遊牧民は重要な焦点であった。暑い暑い岩と礫の砂漠に、よほど近づかないとわからないコビトヤシのテントがいくつか集まって、風に吹きとばされないように干いた大地にしがみついている。あくまでも、男性的でダンディで攻撃的なパシュトゥーン遊牧民とは対照的な、暑さと牧草や水の不足にいつも苦しめられているらしい貧しいバルーチュのヤギ遊牧民との出会いも、心に深く刻まれている。そんなバルーチュ遊牧民のテントでも、車をかなり手前にとめて「男性はいるか」と大声で呼びかけて、男の姿を確かめてからでないと、近づけなかったけれども。

こうして、まったく対照的なパシュトゥーン遊牧民とバルーチュ遊牧民を知ることができたことが、西南アジア遊牧民の文化的な特質についての考察を進めるうえで、本質的な意味をもったことはいうまでもない。政治的なものとしての遊牧というテーマは、まさにその直接の成果であった。彼らの家畜とのつきあいから、居住集団の編成の変化までを、彼らの社会のもつ可塑性として統一的に把握できるというアイディアには、ナツメヤシ・オアシスの木蔭で休んでいたときに逢着した。

西南アジアの遊牧民を中心に、遊牧について一冊まとめるというお勧めを吉川弘文館からいただいたとき、ちょうど遊牧民の文化についての私なりの理解がまとまって成熟しつつあった。ほぼ十分と思われる準備のできていたこれらの課題の全領域について、新鮮な気持ちで一気に書きおろすことができた。しかし、編集部からのほとんど唯一の注文であった遊牧民と現代社会という難問については、時間の制約もあって存分には論じきれていない気がして、ペンをおくにあたって、それだけがすこし気がかりである。

二〇〇〇年一一月

松　井　　健

著者紹介

一九四九年、大阪市生まれ
一九七六年、京都大学大学院理学研究科博士課程単位取得退学
京都大学助手、神戸学院大学助教授をへて、現在、東京大学東洋文化研究所教授

主要著書
琉球のニュー・エスノグラフィー　認識人類学論攷　自然の文化人類学　文化学の脱=構築　自然観の人類学(編)

歴史文化ライブラリー
109

遊牧という文化
移動の生活戦略

二〇〇一年(平成十三)一月一日　第一刷発行

著　者　松井（まつい）健（たけし）

発行者　林　英男

発行所　株式会社 吉川弘文館
東京都文京区本郷七丁目二番八号
郵便番号一一三―〇〇三三
電話〇三―三八一三―九一五一〈代表〉
振替口座〇〇一〇〇―五―二四四

印刷＝平文社　製本＝ナショナル製本
装幀＝山崎　登

© Takeshi Matsui 2001. Printed in Japan

歴史文化ライブラリー

1996.10

刊行のことば

現今の日本および国際社会は、さまざまな面で大変動の時代を迎えておりますが、近づきつつある二十一世紀は人類史の到達点として、物質的な繁栄のみならず文化や自然・社会環境を謳歌できる平和な社会でなければなりません。しかしながら高度成長・技術革新にともなう急激な変貌は「自己本位な刹那主義」の風潮を生みだし、先人が築いてきた歴史や文化に学ぶ余裕もなく、いまだ明るい人類の将来が展望できていないようにも見えます。このような状況を踏まえ、よりよい二十一世紀社会を築くために、人類誕生から現在に至る「人類の遺産・教訓」としてのあらゆる分野の歴史と文化を「歴史文化ライブラリー」として刊行することといたしました。

小社は、安政四年(一八五七)の創業以来、一貫して歴史学を中心とした専門出版社として書籍を刊行しつづけてまいりました。その経験を生かし、学問成果にもとづいた本叢書を刊行し社会的要請に応えて行きたいと考えております。

現代は、マスメディアが発達した高度情報化社会といわれますが、私どもはあくまでも活字を主体とした出版こそ、ものの本質を考える基礎と信じ、本叢書をとおして社会に訴えてまいりたいと思います。これから生まれでる一冊一冊が、それぞれの読者を知的冒険の旅へと誘い、希望に満ちた人類の未来を構築する糧となれば幸いです。

吉川弘文館

〈オンデマンド版〉
遊牧という文化
移動の生活戦略

歴史文化ライブラリー
109

2017年（平成29）10月1日　発行

著　者　松井　健（まつい　たけし）
発行者　吉川道郎
発行所　株式会社　吉川弘文館
〒113-0033　東京都文京区本郷7丁目2番8号
TEL　03-3813-9151〈代表〉
URL　http://www.yoshikawa-k.co.jp/

印刷・製本　大日本印刷株式会社
装　幀　清水良洋・宮崎萌美

松井　健（1949～）
© Takeshi Matsui 2017. Printed in Japan
ISBN978-4-642-75509-2

JCOPY　〈(社) 出版者著作権管理機構　委託出版物〉
本書の無断複写は著作権法上での例外を除き禁じられています．複写される場合は，そのつど事前に，(社) 出版者著作権管理機構（電話 03-3513-6969，FAX 03-3513-6979，e-mail: info@jcopy.or.jp）の許諾を得てください．